BE

Handsome City

K

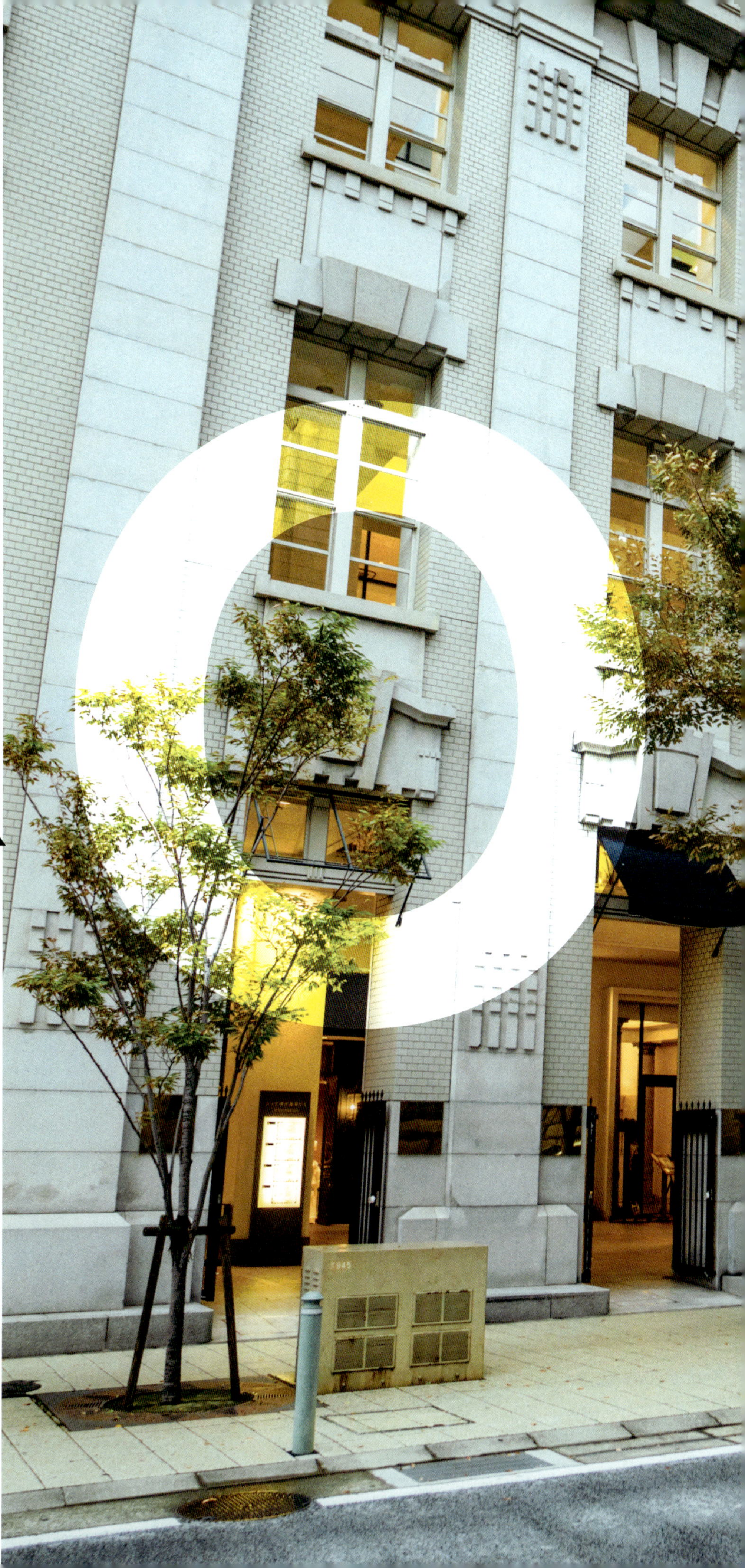

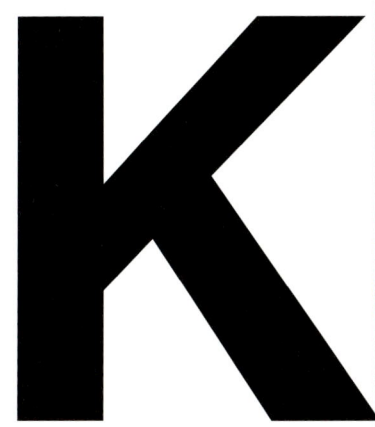

タイムトリップ

神戸 NOW

表紙写真／國米恒吉

よく遊んだ語った
ちやほやされた
短い恋もいっぱいした
あの時代からもう何年
今はどうかな
歳取ったけど中身はどう
どんな大人になったの
歳取ったことを口実にしてない
好奇心置き忘れてない
あのころを知らない後輩たちに
これが大人というものって
見せてあげてもいいんじゃない
あなたが熱くした神戸のまちは
いま、あなたを待っている

CONTENTS

Handsome City

Under the Beautiful Daylight

CAFFÈRA

Handsome City

Midday Brilliant Style

Handsome City

In a Precious Moment

CROSS
BOULANGERIE
Café open

R11

海洋少年団
神戸海洋少年団訓練所

カモメビル

POW! WOW! JAPAN

ACE
MOTOR
Fireston
Your NEEDS is HERE!

OPEN
BEAUVILLE

3

Handsome City

Just Chill in the Afternoon

TANGO
CAFE

THIS IS YOUR LIFE.
DO WHAT YOU LOVE,
AND DO IT OFTEN.
IF YOU DON'T LIKE SOMETHING, CHANGE IT.
IF YOU DON'T LIKE YOUR JOB, QUIT.
THEY WILL BE WAITING FOR YOU WHEN YOU
START DOING THINGS YOU LOVE.
STOP OVER ANALYZING,
LIFE IS SIMPLE.
EVERY LAST BITE.
OPEN YOUR MIND, ARMS, AND HEART TO NEW THINGS
AND PEOPLE, WE ARE UNITED IN OUR DIFFERENCES.
AND SHARE YOUR INSPIRING DREAM WITH THEM.
TRAVEL OFTEN;
GETTING LOST WILL
HELP YOU FIND YOURSELF.
SOME OPPORTUNITIES ONLY COME ONCE, SEIZE THEM.
LIFE IS ABOUT THE PEOPLE YOU MEET, AND
THE THINGS YOU CREATE WITH THEM
SO GO OUT AND START CREATING.
LIFE IS SHORT.
LIVE YOUR DREAM
AND SHARE
YOUR PASSION.

Handsome City

Silky Nightfall

Handsome City

The Night Leading to Tomorrow

DAIMARU

Photographers

國米恒吉

佐伯慎亮　川瀬典子

Location Collaborators

H.R.M.
（アッシュアールエム）

誰よりも神戸らしいコーディネートを標榜し実践し続ける神戸らしいファッションセンスのセレクトショップ。

神戸市中央区磯上通7-1-8
三宮プラザ WEST 1F　☎078·271·1932
11:00〜20:00　火曜休　コート180,000円／ベルベットオペラシューズ27,000円

Queen Classico
（クインクラシコ）

世界の名品がそろう履き倒れ神戸ならではの店。ここに通い詰めてしっかり鼻高々に靴先を光らせた男子も多いはずだよね。

神戸市中央区北長狭通2-31-69
☎078·331·3510
10:30〜20:00

SPARK Scone & Bicycle
（スパークスコーン&バイシクル）

亭主は自転車好き、奥様はスコーン好き、だからスコーンと自転車の店、山手の住宅街にひっそりしっかり悠々と存在感を放つ。

神戸市中央区中山手通4-18-21
☎078·855·9045
10:30〜17:00　火·水曜休

Flat Five
（フラット·ファイブ）

こなれて音を合わす、もの言わず曲が流れ出す、エエ感じのミュージシャンたちの存在があるからこそライブハウスは楽しい。

神戸市中央区中山本通2-3-19
ロータリーマンションB1F
☎078·392·8638　19:00〜翌5:00 火曜休

神戸北野ホテル

“世界一の朝食”6,500円（要予約）を朝から楽しめるなんて、まさに神戸だけ！久々ご夫婦で優雅でオシャレなひとときはいかが。

神戸市中央区山本通3-3-20
☎078·271·3711

CAFFÉRA
（カフェラ）

ファッショナブルな神戸の代表的光景となったオープンカフェ。行き交うハイカラさんたちを眺めているだけで楽しい時間が流れる。

神戸市中央区明石町40 大丸神戸店1F
☎078·392·7227
9:45〜21:00（LO 20:30） 不定休

CAFE Zoé
（カフェ·ゾエ）

なんという居心地のよさ、独特の静寂な空気感を保ち続ける貴重なカフェ。ドリンクもデザートも店の個性を放つ格別な味。

神戸市中央区御幸通6-1-3 山田ビル3F
☎078·261·3230
11:30〜18:00　土·日·祝日休

神戸ハーバーキッチン Haji

海岸通りのカリフォルニアテイストのガーデンカフェ。古い建物を生かし、センスあふれるスペースに生まれ変わらせた。

神戸市中央区波止場町3-3
☎078·332·0715
9:00〜22:00　水曜休

大丸神戸店

神戸といえば母娘ショッピング、そしてここそがその象徴ともいえる。居留地の意匠を守り育てる気高いデパートメントの雄。

神戸市中央区明石町40
☎078·331·8121
10:00〜20:00、21:00（レストラン街） 元日休

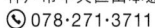

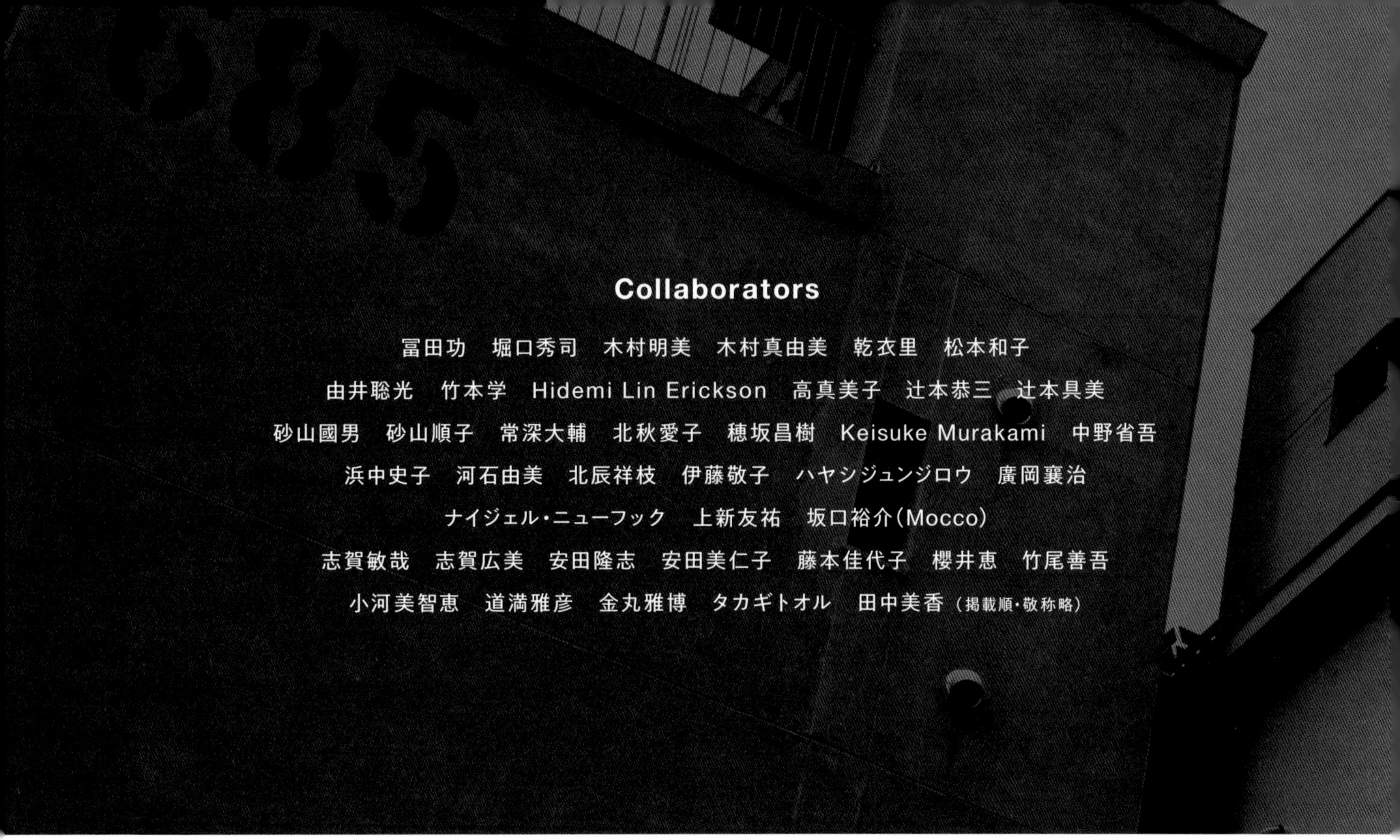

Collaborators

冨田功　堀口秀司　木村明美　木村真由美　乾衣里　松本和子
由井聡光　竹本学　Hidemi Lin Erickson　高真美子　辻本恭三　辻本具美
砂山國男　砂山順子　常深大輔　北秋愛子　穂坂昌樹　Keisuke Murakami　中野省吾
浜中史子　河石由美　北辰祥枝　伊藤敬子　ハヤシジュンジロウ　廣岡襄治
ナイジェル・ニューフック　上新友祐　坂口裕介（Mocco）
志賀敏哉　志賀広美　安田隆志　安田美仁子　藤本佳代子　櫻井恵　竹尾善吾
小河美智恵　道満雅彦　金丸雅博　タカギトオル　田中美香（掲載順・敬称略）

神戸メリケンパーク オリエンタルホテル VIEW BAR

港に突き出した船のようなホテル、その14階の空間は、神戸の美しい光景に包み込まれるような心地よさ。屋外テラスは特等席。

神戸市中央区波止場町5-6
☎078·325·8110
（レストラン予約10:00〜21:00）
バータイム 17:00〜24:00

Grelo
（グレロ）

シックでアーティスティックなフラワーブティック。家庭、贈答、イベントなど幅広く支持を得ている信頼の店。

神戸市中央区下山手通4-7-10
☎078·333·3888
11:00〜19:00　日曜休

突撃洋服店

厳しい選択眼で、個性ある人になるための美しい服、ヴィンテージの発掘にひたすら情熱をそそぐ貴重なブティック。

神戸市中央区海岸通9
☎078·331·6168
13:00〜20:00 年中無休

Thunderbird
（サンダーバード）

この時代ならではの空気感に包まれた50s Bar、一人切ない孤独感を漂わせられるのはその粋に達した男だけの特権。

神戸市中央区国香通1-1-2
サンミッシェルビル2F
☎078·222·2520 月〜土曜20:00〜翌4:00
日·祝 20:00〜1:00　不定休

ホテル北野クラブ

ここはフロリダ？ぜいたく極まりなしの広々空間、この高台にこのセンスのサロン、本当に神戸でしか味わえないよ、すてきだ。

神戸市中央区北野町1-5-10
☎078·222·5506
平日11:30〜14:00LO　17:00〜22:00LO
水曜休（祝日営業・レストランは除く）

idéal
（イデアル）

ヴィンテージには時代がない。掘り返せば出てくるお宝レア物をいまに合わせるハイテクニック・コーデを存分に楽ませてくれる。

神戸市中央区下山手通4-7-15 北丸ビル3F
☎078·321·1261
15:00〜20:00（土·日14:00〜）月·木曜休
フォックスファーショートコート22,000円（KARL DONOGHUE）／
バッグ19,800円（PHILIP TREACY）

Essence of Kobe

この神戸的センスがスリリング

果敢に挑む個性派セレクト

店主と顧客を見れば、店のテイストは一目瞭然。
エレガンス、カジュアル、ベーシック、モード…
個性が際立つ神戸発のこだわりセレクトショップ・ラインアップ。

撮影／岡田久仁子　取材／天野準子

左から、akariさん（コート48,000円、ボーダーニット17,900円、パンツ16,900円、スニーカー 29,000円）、高橋ひとみさん（ファーベスト39,800円）

オーナーの長谷川裕子さん（コート32,000円、Tシャツ15,000円、ベロアパンツ17,000円、スニーカー 29,000円）、岸本しのぶさん（コート48,000円、ワンピース28,600円）、西村めぐみさん（コート54,000円、スカート16,000円、ブーツ38,000円）

1階のショップスペース。パーソナルコーディネートは西宮浜のヨットハーバーを望む広々とした2階のスタジオで行われる。

個性を引き出すパーソナルコーディネート

(左)「女性は洋服で人生が変わると思うし、毎日が楽しくなる服を提案したい」と、長谷川さん自身もハッピーオーラ全開。(右)「2017年の秋冬からヨーロッパでは赤いブーツがでてきています」と、長谷川さん。スカート22,000円。ブーツ38,000円。

atelier 78 (アトリエ 78)
西宮市西宮浜4-12-78 ✆0798·33·7729
10:30〜18:30 不定休 完全予約制

現役スタイリストの長谷川裕子さんが、2008年に開いた完全予約制のショップ。プライベート感あふれる西宮浜の一軒家には年4回、フランスとイタリアで買い付けてきた洋服がズラリと並び、マンツーマンで長谷川さんがその人に似合う服を選び、個性を引き出すスタイリングを提案してくれる。それゆえ1組の接客に3〜4時間を要することも少なくないそう。「みんな右にならえで同じような服を着てるでしょ。もっといろんなコーデにチャレンジしておしゃれを楽しんでほしい」と、長谷川さん。インポートならではの美しい発色や上品な柄行きを活かし、色に色、柄に柄を重ねたスタイリングもお得意で、これまで敬遠していた柄や色に目覚めたり、自分では思いもつかないスタイルに出合える。

素材、縫製、シルエットで
差が付く大人カジュアル

和歌山にある今では希少な吊り編み機で編んだスウェットは極上のやわらかさ。ジャケット18,000円、ボガボガルーブラインのシャツ15,000円。

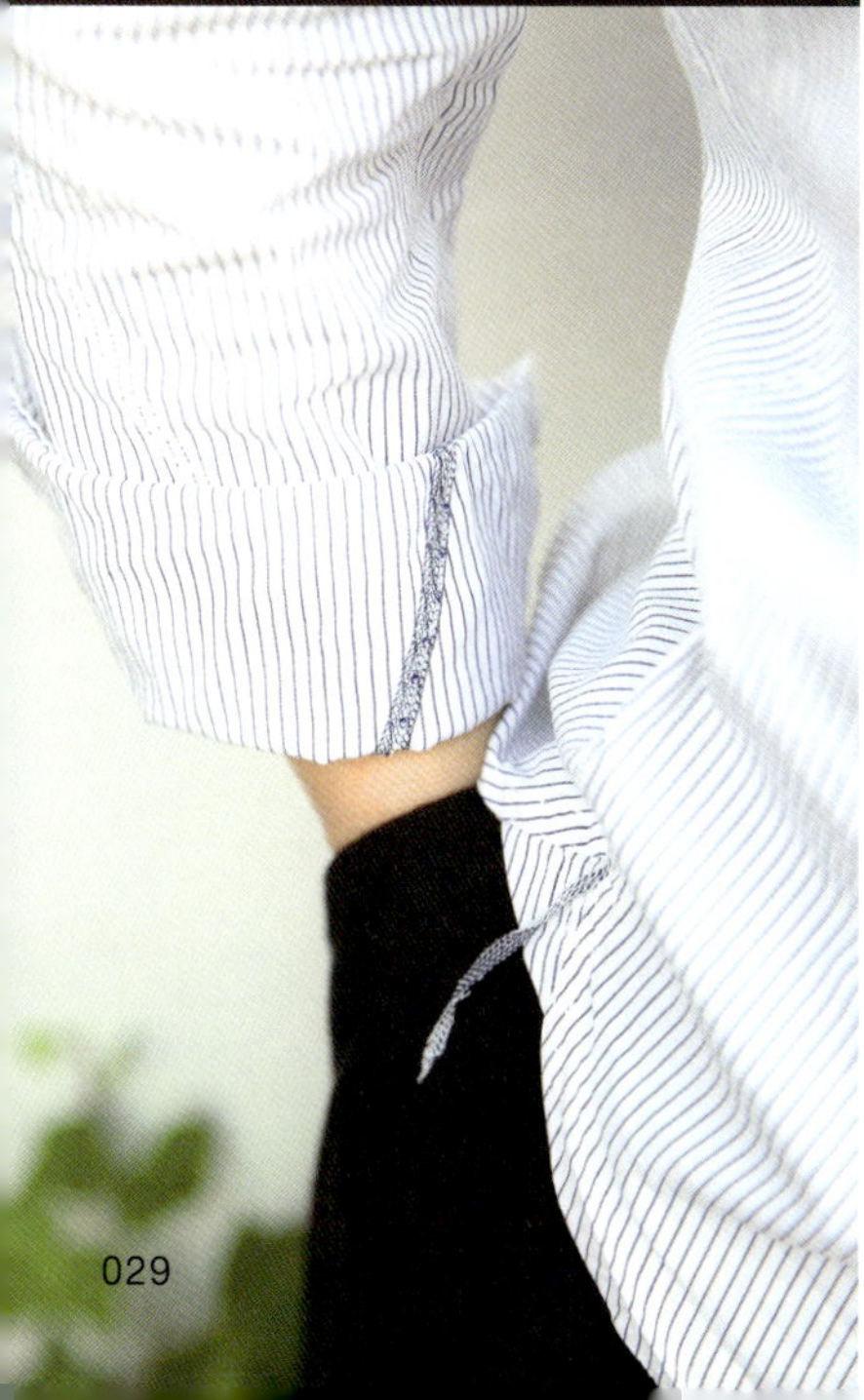

左から、木城麻衣さん（アフタワズのコート27,000円、オリジナルのシャツ15,000円、ソルテのパンツ17,800円）、門園京子さん（アフタワズのガウン38,000円、グラズのワンピース19,800円、オキシボウのブーツ28,000円）、東井朱美さん（アーメンのニット21,000円、DMGのパンツ13,500円、ツイードミルのストール8,900円、コプカのハット7,400円）、オーナーの入舩祐子さん（アーメンのアウター 31,000円、オリジナルシャツ15,000円、スカート16,800円）。

（左上）会社創設以来、ニホンジカの害獣問題に関わり、鹿革を使った製品を展開。シャツのボタンにも鹿革が使用されている。（左中）カシミヤ混ならではの温かみと上質さが漂うカシミヤコットンのカットソー 6,900円。（左下）シャツの裾や折り返した袖から見える4本のステッチはフラットシーマの証。フラットシーマで縫うと、縫い合わせが平面になるため、肌当たりもやさしくなる。ストライプシャツ15,000円。

~ih（ハイカラ）

神戸市中央区元町通3-9-16 岡田ビル1F ✆078·332·5305
11:00～20:00 水曜休（祝日は営業）

メンズカジュアル「ハウディードゥーディー」の姉妹店として2004年にオープン。流行に左右されないきれいめカジュアルは20代から上は80代まで幅広い層に人気だ。特にオリジナルアイテムは着心地のよさに定評あり。例えば、シャツには縫製にテクニックを要するフラットシーマ（4本針ミシン）を採用し、さらに立体パターンにすることで、ストレスのない着心地を実現している。

また、和歌山の希少な吊り編み機で編んだやわらかさと丈夫さを兼ね備えたスウェットやカシミヤ混のカットソーなど、肌ざわりのいい素材を厳選。こだわりの素材と縫製は、着心地がいいのはもちろん、見た目にも差がつき、カジュアルなアイテムも大人っぽく着こなすことができる。

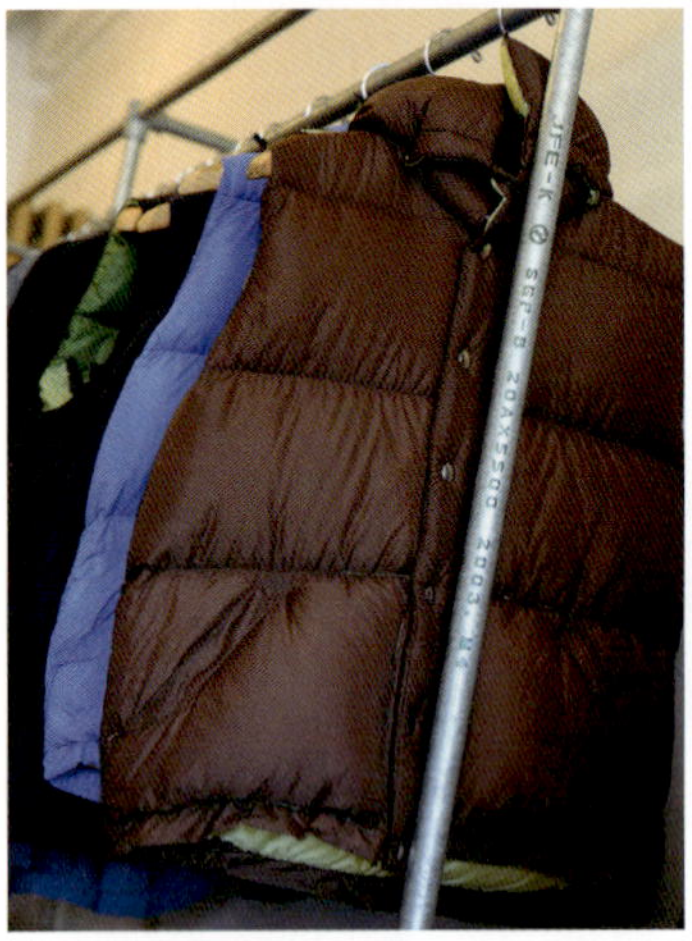

服がシンプルな分、手元はちょっとやりすぎぐらいにヴィンテージのインディアンジュエリーを飾って。「これ見よがしな男の色気は苦手。手元だけいやらしいぐらいがいいんです」

無難に終わらない
色気のあるベーシック

（上）アームホールを細く仕上げることで腕を長く見せるオリジナルシャツ15,000円。（中）大きめの衿やポケット位置など、ヴィンテージのPコートのパターンを採用し、クラシカルな雰囲気に仕上げたオリジナルのPコート43,000円。（下）アームホールが通常より小さめでスッキリ決まる。アメリカのダウン専門ブランド、クレセントダウンワークスに別注したオリジナル配色のダウンベスト55,800円。

左から、廣岡政徳さん（オリジナルのPコート43,000円、セントジェームスのボーダーシャツ10,000円）、荒井徳行さん（エキップメントのジャケット39,000円、オアスロウのホワイトデニム12,800円、クラークスのデザートブーツ23,000円、ハイランドのニット帽5,800円）、オーナーの田中裕士さん（ジョン・スメドレーのニットカーディガン35,000円、オリジナルシャツ15,000円、オアスロウのデニム18,800円、クラークスのデザートブーツ23,000円）。

男性の洋服店選びは女性より店主のキャラのほうが大事なのかな!? ファッション、サーフィン、グリーンなど、多趣味でマニアックなオーナー、田中裕士さんはまさに男が惚れる存在。オリジナルアイテムもそんな田中さんのこだわりを感じるものばかりで、シャツやコートはどれもアームホールが細く、肩が内に少し入ったデザインに。着ると腕がスラリと長く見える工夫がされている。「ルーズなシルエットやオーバーサイズがはやりですが、若い子はいいと思います。でも、大人世代はジャストサイズで着るのがやっぱり一番かっこいい」。パンツも同様にストレッチや、裾に向かって細くなるテーパードを効かせず、トレンドに関係なく履ける仕様になっていたり、大人のスタンダード名品に出合える。

LOTUS CALIFORNIA
（ロータス・カリフォルニア）
神戸市中央区栄町通1-2-13
フクオカビル1F
✆078・392・1173　13:30〜20:00　水曜休

ハイエンドなブランドで魅せる
モードな神戸エレガンス

(上)「マトッティ セラータ」の店内。(左上)オスカー・デ・ラ・レンタの刺しゅうトップス120,000円。(左下)ドレスに合わせる小物にもリュクスな遊び心が効いている。オスカー・デ・ラ・レンタのチェーン付きパーティバッグ298,000円。(右下)「日本ではロングスカートにスニーカーなんて楽なファッションが流行っていますが、ヨーロッパのコレクションを見ていても、そろそろミニスカートが復活の予感」と、オーナー、岩高要子さん(アン・ドゥムルメステールの半袖ジャケット162,800円、ハイダー・アッカーマンのレザースカート195,000円、オリヴィエ・ティスケンスのブラウス189,000円)。

MATTOTTI（マトッティ）

神戸市中央区山本通1-7-11 Demain 1F
✆078·232·3963
11:30～19:00 水曜休

「マトッティ」をオープンして今年で30年。最先端モードを牽引し続けるオーナーの岩髙哲也さん、要子さんご夫婦。

これまでに海外のコレクションへは100回以上訪れ、今なお年4回、パリやミラノのコレクションでバイイングを行っている。店を始めた1988年は、まだセレクトショップなんて言葉もなく、ハイブランドを独自でバイイングし、ミックスしてコーディネートして提案するスタイルは画期的だったそう。「神戸の方はおしゃれで、新しいものも好き。それでいて女性らしくエレガントさが根付いていて、ハイエンドなブランドをミックスして楽しむスタイルを受け入れてもらえたんだと思います」と、岩髙さん。

現在、「マトッティ」ではアン・ドゥムルメステールやメゾン・マルタン・マルジェラ、ドリス・ヴァ

「マトッティもラ・シャン・ブランも個性的なデザインがそろっていて大好き。岩髙さんの見立てもドンピシャです」と、森田恵龍さん（サカイのニット72,000円、スカート87,000円、ユナイテッドヌードのブーツ45,000円）。

（上）サカイやMM⑥、08サーカスは商品点数も多く、コーナーで展開。（中）バイアスストライプのプリーツをレイヤードした一枚で様になるサカイのスカート87,000円。（下）マトッティの顧客さんからの「洋服が増えて困る」という声から生まれたユーズドコーナー。パリの古着屋さんみたいにかわいい。クロエのユーズドニットコート20,000円。

ン・ノッテンなど、都会的なブランドをセレクト。さらにパーティや会食が多い神戸マダムの声に応え、ショップの向かいにはドレスを中心とした「マトッティ・セラータ」を展開している。

また「ラ・シャン・ブラン」では30代や40代に絶大な人気を誇るサカイやMM⑥など、モードな日常着が楽しめる。「巷ではファストファッションも花盛りで、手軽な洋服が流行っていますが、大人の女性は年相応のおしゃれを楽しまないと。パリのプレタポルテには歴史やデザイナーの哲学が詰まっていますし、精神的に自立した大人の女性だからこそ、そういった服を着こなせると思います」。

La cham blanc（ラ・シャン・ブラン）

神戸市中央区北野町2-7-18 Rins Gallery 1F
✆078·230·2633
11:30〜18:00 水曜休

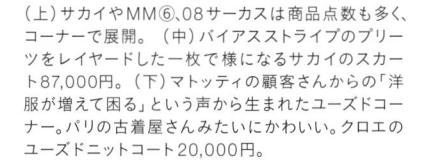

食前酒や食後酒も大人のたしなみ

今こそレストランにエスコート

bon appetit

レストランでディナーを楽しむ。
もちろんメインディッシュが主役だけど、
その前には食前酒を一杯。
食事が終わったら、バーでゆっくり
蒸留酒のグラスを傾ける。
そんな時間を過ごしながら、
おいしくて心地いい夜を味わって。

撮影／岡本佳樹　取材／寺下光彦　イラスト／ヨシダ エリ

まずは食前酒で
プレリュード

アペリティフと言ったり、食前酒と言ったり。
イタリアの日常風景の中では、
アペリティーヴォ、になるか。
つまりは、ディナーの前に、待ち合わせも兼ねて軽く一杯。
それはもう、イタリアなどでは習慣であり、
毎日の暮らしのサイクルの一部。
無数の食前酒の中から、2つだけ覚えるなら
南スペインの至宝・辛口シェリーと
シャンパーニュを含めたスパークリング・ワイン。

aperitif

（左） まずは大御所、ルスタウ社のパピルサ・マンサニージャ950円。（右）モダンとトラッドを絶妙に融合させたフロアのスタイリッシュさも、神戸屈指。（下）宝塚スター・ライクなオーナー、中川さん。竹を割ったようなトークの冴えにもファン多数。

シェリーこそは、食前酒の王様。いい食前酒が、どれほど舌と心をリフレッシュしてくれるか、もっともイキイキと教えてくれる一杯こそ、シェリーだろう。その専門店であり、グラスで40種類を開けるこのバーには、食中向けの重厚タイプや、食後向けの甘口も当然あるが…、食前にはまず、最辛口で爽快なマンサニージャ、またはフィノタイプである。その緑の柑橘を思わせるシャープな酸と、鮮明なミネラル感は、まさに世界が畏敬するスペイン・マジックそのもの。「一口、口にするだけで、次の食事へのワクワク感が増すでしょ」と微笑む美人オーナー・中川弘美さんの言葉は、まさに真理、そのものだ。

BODEGAS ウサギのハネル

神戸市中央区加納町4-9-9 第8シャルマンビル1F
☎078-333-0783
15:00～24:00 LO 月曜不定休
グラスシェリー約40種900円～、チャージ700円（突き出し付き）。テーブル10席／カウンター10席

今は店によっては、上質の泡モノ
カヴァやプロセッコが気軽に楽しめる。
いい時代になったものだ。
もちろんドライ・ヴェルモットなどの薬草酒も、定番の一つ。
アペリティフは「胃を開く」とか「食欲を増す」なんて
言われるけど…要は一日のリフレッシュ剤。
心地よく頭のスイッチを切り替えてくれる力は、
「とりあえずビール」より何倍もある気がするね。
特にこのあたりの名店で。

（右）洋梨、甘酒、ジンジャーエールのカクテル。最近需要が増しつつあるノンアルコール・カクテルもガストロ・センスで。700円。（下）昆布締めブリとブロッコリーのトリタート1,800円（写真はハーフサイズ）。リンゴのピュレがアクセント。（左下）この日のグラス・シャンパーニュはピエール・ゴビヤール。グラス1,500円。

バルを謳いつつ、精緻なガストロノミー料理をアグレッシブに出し人気の「Porto Bar KNOT」が2018年2月、移転拡張。メニューもさらに充実させ、店名は「KNOT」のみとなった。もちろん、カウンターでサッとグラス・シャンパーニュ一杯のみのバル使いも相変わらず歓迎。まだ陽が残る夕刻4時のオープン直後に向く食前酒には、シャンパーニュ以外にシビアにセレクトした熟成カヴァ、キリッとミネラリーな白ワイン、さらにはドライなノンアルコール・カクテルまで幅広い。自然光が心地よく入る大きな窓のそば、ゆったりしたソファ席でふれるその美味で、時間は店名どおり、船の速度に変わる。

KNOT（ノット）
神戸市中央区下山手通2-16-6
☎078-331-3220
16:00～22:00 LO　不定休
ショット700円～、チャージなし。
テーブル18席／カウンター6席

こんな店なら、エスコートしたい！

食前酒をひっかけたあとは、いよいよメインディッシュがお待ちかね。気のおけない友だちや、大切な人と、特別な時間を過ごすためにはこんなレストランを訪れてみたいもの。神戸のまちの中でも、今注目されている7店をピックアップ。

Prat Principal

「OSTERIA BUCO」のフロア。華美なラグジュアリーさとは無縁の、地方の農家のような素朴で簡素な佇まい。

煮込みでえぐり抜く、イタリア料理の核心

(上)ワインは北中部産を中心に、ロッソ・ピチェーノなど高コスパのものが多数。(左上・上から時計回りに)自家製ハム盛合せ1,400円。新潟もち豚のハム・ブリアンゼッタ、パテのクロスティーニほか。清く深々した旨みが感動的。／オーソブッコは骨髄、サフランリゾットと共に。2,300円。／シェフ・澤村さん。現代料理の巨星「マルケージ」出身。仏像彫刻家のような職人肌。／ヴェネト産ウサギのラグー、フェトチーネ。骨ごと煮込むゆえの豊満なコクが、全身にこだまする。1,700円。

OSTERIA BUCO
(オステリア・ブッコ)

神戸市中央区中山手通1-23-2
☎078-272-2558　11:30～14:00 LO、18:00～22:00 LO　月曜休
ランチ1,500円～、夜はアラカルト、パスタ1,500円前後、セコンド2,500円前後が中心。テーブル16席／カウンター4席

まるで口の中に、熱く巨大な旨みの火の玉が飛び込んで来たような知覚体験。「この料理をつくり続けて、30年近くになりますねえ。外せませんし、今も改良を重ねてます」。

シェフ・澤村潤一さんがそう語る火の玉料理が、北伊ロンバルディア伝統料理の栄光、オーソブッコ(仔牛すね肉煮込み)だ。香味野菜を中火で2時間(!)じっくり炒めるところから始まり、煮込みと休ませを繰り返し3日がかり。ほかにもメニューには牛テールの赤ワイン煮・ロンバルディア風、神戸牛ネックの柔らか煮などのメイン以外に、パスタや前菜にもシェフ渾身の煮込み料理が多数。そのすべてに、まるでイタリア料理の旨さの核心を、異次元の極太度でえぐり抜いたような旨さが貫かれている。

ともあれ、北部イタリアでさえ今や絶滅寸前(手間と時間がかかりすぎるゆえ)の伝統郷土料理。本国の田舎に分け入っても簡単には出合えない、その栄光と感動を守る偉大な要塞が、北野坂脇の細い路地奥に潜む。それはある意味、神戸で最大の祝福すべきエピソードかもしれない。

「ボタンエビ、カブラ、ビーツ」。サクサクの２色のメレンゲの下に生ボタンエビとキャビアが隠れる。ビーツとライチのソースのトロピカルな甘みと、エビの香りとの鮮やかな相性のよさにも、激しく胸が躍る。

（上）カウンターと、広いテーブル席。どちらも別格の居心地。（右下）ジャガイモと茸。ビシソワーズを分解、再構築。パスタ状にスライスしたジャガイモにバゲットのアイスが斬新。／熟成豚のロースト。熟成で濃密に旨みを増した豚と、ゴボウのフリットの苦みが技あり。夜8,000円のコースより。

ESPICE（エスピス）

神戸市中央区中山手通2-3-25 メゾンエスプリ生田1F
078·333·1919 12:00～13:30 LO、
18:00～20:00 LO 水曜不定休
コースのみ。昼3,500円～、夜8,000円～ テーブル22席／カウンター4席

ガストロ・フレンチ、最先鋭

それはまるで、食べるポップアート？ 現代美術？ パリ3ッ星「アルページュ」で修業した若き気鋭、江見常幸シェフの作品性は、まさにモダン・ガストロノミー・フレンチの結晶そのもの。たとえば写真右上のボタンエビの前菜には、ビーツとワサビ、2種類のメレンゲでサクッと香ばしい食感と起伏ある香りに、生エビの甘みを合わせたり。ジャガイモの前菜には、バゲットをピュレにしたアイスクリーム（！）で素朴な風味と奥行きを加えたり。

そんな全7皿のコースは、どれもが徹底して緻密な手間と、ネクスト・ジェネレーション・シェフの創造性の連続。そんな劇場感たっぷりの料理に出合うフロアも、ゆったりとモダン・ラグジュアリー。スタッフたちのテキパキと行き届いたサービスも快適至極。さらにワインリストにはNY産リースリングや、意表を突くイタリア固有品種ワインまで。つまり、とっておきの日にも、堂々の総合力の高さのあるレストラン。その登場を、だれもが待ち望んでいたはずだ。

ザ・グラン・クリュ、鴨料理

「知ってたはずの河内鴨と、全然違う…」と、訪れただれもが思うはず。今や全国のトップレストランや高級割烹が熱くラブコールを送り、なかば幻化しつつある河内鴨。徹底した無農薬飼料で、手作業で肥育後、朝引き鮮度ゆえの力強くも澄みきった味わいは、グルマンならすでに知ってるはず。

　その専門店としての歴史は9年。2年前、ぐっと広くラグジュアリーなフロアに移転したこの店でいただくそれは、控えめに言ってもワンランク、いやツーランクは上と思える、旨みの迫力と余韻の美しさなのだ。鴨も生きものだから、一羽づつ味が違うもの。ゆえ、推測するなら…一日にさばかれる鴨の中でもトップ級の個体がこの店に届いているのかも。ご主人・田渕耕太さんの腕前に、生産者が惚れこんだのだろうか。ともあれ、懐石仕立てのコースの冴えは、素材力と繊細な技術力の偉大な相乗効果の賜物。そのすばらしさはまさにザ・グラン・クリュそのものの鴨料理。出合えるのは河内ではなく神戸である。

写真はすべて8,000円(税・サ別)全8品のコースより。(左上)ロース、炭火炙りポン酢。(左下)前菜盛り。ロースのスモーク。肝のコンフィと黒トリュフ。鴨の煮こごり。鴨の醤油一夜漬けの飯蒸し。懐石料理の美意識が輝く。※前菜の内容は季節で変更あり。(下)カウンター以外に、琳派風意匠の個室もあり。

河内鴨料理 田ぶち

神戸市中央区中山手通1-25-6 ラ・ドルレイ神戸三宮ビル5F
☎050-3184-2657 17:00〜21:30最終入店、22:30 LO
日曜休(月曜が祝日の場合日曜営業、翌月曜休)コース6,000円/8,000円
10,000円(税・サ別)。カウンター6席/個室8室(2〜18名)

鴨鍋は、豪華な砲金鍋で。昆布、鰹に鴨首脂を加えたダシの清新な旨みも、長年の試行錯誤の結晶。河内鴨は朝引きの鴨をその日のうちに提供。ゆえサッとダシにくぐらせるだけで、鴨のコクが全身に雄大に立ち、響き渡る。

イタリア本国を凌ぐ、魔性の作家性

（上）ペアリングには「青雲 颯 純米」など日本酒や、クレマン・ド・ジュラのロゼなども登場。（右上・上から反時計回りに）松茸、フカヒレ、トマトを練り込んだタヤリン。店でていねいに戻したフカヒレをブロック状にカットし、表面をカリッと焼く。その雄大な食感とパスタのコシ、松茸の香りの交響がサイケデリック。／北海道産黒毛和牛イチボ、炭火焼き。カリッとクリスピーな表面と、下に敷いた乾燥ポルチーニ・パウダーの香りが妖艶。夜13,000円・7品のコースより。

Ristorante Due
（リストランテ・ドゥエ）

神戸市中央区中山手通1-25-6
ラ・ドルレイ神戸三宮ビル6F
☎078・221・2266
昼は12:00一斉スタート、
18:00〜21:00（最終入店）
日曜・月曜昼・月2日月曜夜休
コースのみ。昼6,000円。夜10,000円〜。
テーブル12席／カウンター6席

神戸だけでなく、日本イタリア料理界のサルバドール・ダリ的存在。それがシェフ・木下憲幸さんのクリエイション力である。イタリア修業で血肉にした盤石の基礎と、神戸の神話的日本料理店「料理屋 植むら」主人直伝の頂天素材の目利き、そして大活火山的に沸騰する創造性が生む料理は、まさに「世界で、神戸でしか出合えない」作品性。

たとえばパスタには、フカヒレを戻してほぐさず、ブロック状にカットしたキューブを添えてゴロッとした食感を加え、アワビはアオサノリと共にガストロバック（減圧加熱調理器）で、その芯まで磯の香りを含ませる。魚介は五島産の巨大なオオモンハタから20kg級クエ、香住の漁師直送のカニまでを、イタリア的センスで仕上げ。そのすべての完成度が、まるで柔道重量級メダリストに投げられ、畳に叩きつけられたような衝撃なのだ。筆者は、取材で少なくとも30回は訪伊したが、この店の料理にふれれば、ほとんどのイタリアの2ツ星、3ツ星店の料理さえ〝無口で、おとなしい料理〟、という表現がふさわしいとさえ、深く強く、思える。

シェフ・木下さん。トレードマークはモノトーンのメガネ。でも、シェフの頭の中のスパーク感に比べれば、このメガネもまったく地味。

桜肉のタルタルと穂紫蘇。西洋ワサビのエスプーマとトリュフのサラダ。馬肉の鉄分とシェリービネガーのキレの起伏が痛快至極。

一見シンプルな前菜にも、グランメゾンで鍛えたディテールがしっかり。淡路玉ネギとベーコンのキッシュ。しっかり吟味した上質のグリュイエール・チーズの乳脂肪と、タマネギの甘みが優雅な和音に。780円。

(上)オーナーシェフ・山崎さんはパリで2年修業後、「セント レジス ホテル 大阪」などで計20年、フランス料理一筋の辣腕。(右中)7時間煮込んだ豚足をほぐした、豚足のガレット仕立て。ぷるぷる食感でコラーゲンの塊。1,600円。(右下)仔羊のクスクス・ロワイヤル2,800円。

LA TABLE DE YAMASAKI
(ラ・ターブル・ド・ヤマサキ)

神戸市中央区下山手通2-14-2 ☎078·335·7813
12:00〜14:00 LO(金・土・日曜のみ)、17:00〜22:00 LO
月曜・第3火曜休　ランチ1,500円〜、夜はアラカルトのみ。前菜1,200円前後、メイン2,000円前後が中心。 テーブル26席/カウンター4席

古き良き、骨太ビストロ料理の平和

その料理は、フランスの田舎のおばあさんが、思い切り愛情を込めて家族のためにつくった、昔ながらの料理のよう。オーナーシェフ・山崎洋介さんはまだ40歳だ。

「古い料理ですけどねえ。パイ包み焼きとかコンフィとか。本当に古典ビストロ料理。パリでの修業時代は『サンドランス』とかキレイめのガストロ・レストランでも働いたけど、最終的にはこんな料理が大好きです」との信念。

そんな山崎さんが古典料理の命、と語るのは、時間をかけて煮詰め、コクを凝縮したソースと、豚や羊肉を同じく時間をかけて加工肉にしたシャルキュトリー類。中でも羊肉のメルゲーズ(ソーセージ)を羊の肩肉と骨のブイヨンで煮込んだスペシャリテ、クスクス・ロワイヤルは、野太く濃密な羊のコクとクリアな余韻が感動的。冬にはさらに、ジビエの煮込みなどの骨太料理が登場予定。その飾らず雄大な野性味に、しばらく忘れかけていたフランス料理の偉大さを再発見できる。

薪と発酵野菜で、イタリアン前進

ノルディックなレンガの壁と古材の床のゆったりしたフロア。窓の下に広がる北野坂の緑より先に五感に届くのは、カウンターの目の前でパチパチ燃える薪の心地いい香りだ。スタイリッシュなフロアの中、その香りにふれた瞬間、日常がスッと消える。

シェフ・濱部隆章さんが、薪焼き料理を柱にするのは「薪は水分を出しながら燃えるから、肉が乾かずよりジューシーに焼き上がる。そして、香りもいい。まさに理想の熱源なんです」の信念ゆえ。

加えて、深掘りするのが自家発酵野菜と、そのジュを駆使した料理の数々。この日登場したインゲン豆以外にも、舞茸、ブロッコリーなど、的確な発酵による自然の優美な酸味で広がる感覚は、まさにガストロ・イタリアンの新境地そのもの。

シェフは今後「神戸の北区あたりで、自分で育てた野菜で料理を出したい。東京と違って、神戸ならそれができる」との情熱。シェフが手塩にかけた野菜が厨房に届く日が、今から待ちきれない。

（左上）シャラン鴨ロースの薪焼き。パセリ、レモン、唐辛子のピュレで香り高く。コースに＋1,700円で提供。（左中）発酵インゲン豆のクレマ、カンタブリア産アンチョビのクロスティーニ。（左下）浜坂産モクズガニ、モサエビのタリオリーニ。すべて8,500円・8品のコースより。

erre（エッレ）

神戸市中央区中山手通1-22-13 ヒルサイドテラス2F
078・862・6674　12:00～13:30 LO、18:00～21:00 LO
火曜休・月2回不定休　コースのみ。昼5,000円～、夜8,500円～。
テーブル12席／カウンター8席／個室1室（～4名）

薪焼きは、ナラ、クヌギ、桜の3種を使い分け、メインの肉料理以外に前菜のクロスティーニなどにも活用。薪はフロアの一角の壁に大量に積み上げ、7ヵ月以上乾燥させたものを、ベストな状態を見極め使用する。

いい意味で素材のイメージを裏切る、軽さと繊細さが圧巻。フォアグラと佐渡黒イチジクのロースト。神話的生産者キャステインのフォアグラゆえのクリアな旨み。6,500円のコースより。

〝神戸の上質〟が肌にしみた2世シェフ

（上）ワインはクインタレッリの弟子、カイロスなどイタリア産もあり。（左上・下から時計回りに）神戸牛マルシンの炭火焼き。焼きとルポゼを1時間繰り返し、しっとり。6,500円のコースに＋3,000円で提供。／有機野菜のサラダ。カマスの昆布締め、剣先イカ、宮城産ホタテなど5種の魚介とスイバ、ツルムラサキなど約30種の野菜。ニンジンは蒸して、アスパラは昆布ダシでゆでるなど、野菜は素材ごとに加熱。小さな葉ものの一つ一つまで、弾けるようなミネラル感と甘みがあるのも感動的。

La Tachi
（ラ・ターチ）

神戸市中央区加納町3-14-7
☎078·940·2077　12:00〜14:00 LO、18:00〜21:00 LO　日曜休
コースのみ。昼3,500円〜、夜6,500円〜。
テーブル4席／カウンター7席

「パンのように善良な」。そんな慣用句がフランスにあるそう。心温まり、飾らず、自然な善良さを現す表現だという。このフレンチ・レストランは神戸のまちの中で、まさにそんな雰囲気が満ちあふれている。

　しっくいの壁と北山杉の柱、分厚い桜の木のカウンターが印象的なゆったりしたフロアは、南仏風でありつつ数寄屋の美意識もある卓越した洗練度。そのカウンターにあがる料理は、前菜の小さな葉ものや根菜、スペシャリテのフォアグラ、そしてメインの神戸牛まで。すべての素材に、まぶしいエネルギーと生命感がみなぎっている。余韻はまるで高原の美しい清流のような透明感だ。

　その素材を目利きする鋭さと調理の的確さに「おそらく幼少時から、ずっとおいしいもの食べてましたね？」とシェフ・大川武士さんに尋ねると、「実家が御影の『ジュエンヌ』ってフレンチで。今思うと子どものときからいい食材でしたね」と。やはり、鍛え方がちがう…というか。

　神戸ならではの〝洗練と上質さ〟の理想の継承発展が、この店で静かに、幸せに、肌に伝わってくる。

食後酒を飲みながら、余韻に浸りたい

「起承転」で終わる一日と、「起承転結」で終わる一日。それくらいの差が、ディナーのあと、しかるべき食後酒で終えた日と、それを怠った日とでは、あると思う。大切な食後酒選びで、知っておきたいのは、

ピノ・ノワール樽で熟成したニュージーランドの「リード＆リード」1,000円など、世界のクラフト・ジンも充実。グラッパも、アマローネの葡萄でつくるザーニンの稀少品まで。1,200円。

（左から）南アフリカ産、甘口ヴェルモット、カペリティフ800円。ソーテルヌは2002年シャトー・ギロー、グラス1,800円。キレのいい甘みと深遠な余韻が心に響く、マルヴァジア・マデイラ15年、1,300円。

自然の造形美に満ちる、豊かなプランツが印象的なボタニカル・ワインバーとして2018年スタート。グラス12種のワインは、夕方4時の開店直後、食前酒にも絶好のスパークリングやキレのいい白も充実しているが食後に訪れるなら、ポルトガルが世界に誇る酒精強化ワインの雄、マデイラ。もしくはボルドー産貴腐ワインの栄光、ソーテルヌをまず嚆矢《こうし》とすべき。ともに濃厚な甘口ながら、優美な酸がキリッと余韻を引き締め、セクシー至極な後味。特にソーテルヌは、原則10年以上の熟成品を必ずグラスで常備しているとは、貴族的でさえある。その一杯で、一日全体の幸福感が、本当にどれほど増すことか。

NOVEL（ノベル）

神戸市中央区下山手通4-10-19 タクミビル1F
☎078-381-7110
16:00〜24:00 LO 不定休
食後酒各種800円〜、
グラスワイン12種前後900円〜、チャージなし。
テーブル4席／カウンター9席

ブランデー以外にも、度数19度前後で
無限の選択肢があるということ。
双璧は、ポートとマデイラ。
どちらもとろりと妖艶な甘さがある酒精強化ワインで、
高貴で優美な酸による、
キレよくドラマチックな後味は、
世界のオークションで常に高値を呼び続けるのも
納得の偉大さがある。
それに加え、近年はフランスやドイツの多彩な
オー・ド・ヴィーや熟成カルヴァドス、
南半球産甘口クラフト・ヴェルモットなどにも
容易に手が届く時代。
そんな〝時間と一日の思い出を豊かにする酒〟、
食後酒のすばらしさは、
この2軒に無限に潜んでいる。

（上）オーナー・出嶋さんは、名フレンチ「スポンテニアス」の元ソムリエ。（右）1974年・アプルバル・カルヴァドス 2,000円。ペドロヒメネス・ブランデー 1,300円。ティンタ・ネグラ マデイラ50年、2,500円。（左下）クリスチャン・ビネール キルシュ1,200円、生菓子600円。

ワインのあとを風雅に締める、和菓子と抹茶という趣向を打ち出すバーとして知られる人気店。その趣向の独自性同様に、圧巻なのが食後向きスピリッツの充実度。ビネールなどアルザスの気鋭生産者のマールが20種類、多彩なオー・ド・ヴィー（フルーツ・ブランデー）、極甘口シェリーのペドロヒメネスからつくったブランデー、そして1970年代のカルヴァドスまで。卓越したセンスと美意識を感じさせる食後酒コレクションは、まさに脱帽もの。どの一杯も「食後酒で一日を締めると、不思議なほど豊かな心持ちになれますね」との店主・出嶋邦彦さんの言葉を、自然の液状の説得力で深々と共感させてくれる。

水無月

神戸市中央区下山手通 2-17-10
ライオンビル三宮館 3F
☎ 078·321·7766
16:00～翌2:00 LO 水曜休
食後酒各種1,000円～、グラスワイン8種1,000円～、チャージ300円。 カウンター 8席

＼ 話せる、見える厨房がうれしい ／

大人のカウンターカルチャー

食事をしているときに
素材や味つけについてさりげなく
話ができるのも大人の嗜み。
カウンターをはさんで
会話を楽しめる店で、
「シェフ、話を聞かせて！」

取材／佐藤良子

満たされると個性がなくなる。だから、足らないくらいのほうが、いいんですよ

— 家族で通えるレストランになったとき、こういうお店、待ってた！と震えました。

「今は客層を絞るレストランが多いけど、昔の神戸は『ドンナロイヤ』みたいに子連れで行ける店が多かったんです。それで、昔のほうが豊かさがあってすてきだなと思って。だから、幅広い客層に楽しんでもらえる店をしたくて、レストランスペースと、カウンターとバルカウンターをつくりました。どんなシーンでもだれでも使える店です」

— 今って、レストランを縮小することはあっても、逆は珍しいですよね。

「天邪鬼なんです（笑）。仲間には心配も含めて反対されましたね。でもだからやろうって（笑）」

— やろうと思うんですね（笑）

「皆がいいと思うことやってもしかたないから、それだけ価値のあることだと思ったんです」

— 料理は何か変わりました？

「年々、アナログな方向に向かっています。たとえば、炭火で焼いたり。パスタもマシンじゃなくて、手ごねや手延べでつくるようになりました」

— 究極のアナログですね！

「効率悪くて（笑）。でも、味や食感が全く別物。ストンと胃に落ちて、食後感がいいんです。今は調理機器も情報も、入手可能な食材も満たされすぎて料理に個性がなくなってきていると思うんです。そういう自分を満たすことより、足らない方向にいきたいんです。削ぎ落としたら自分しか残らないですから」

撮影／上仲正寿

居住区と都心部をつなぐ、ハンター坂のちょうど間の場所も「神戸らしくて好き」と話すオーナーシェフの花谷和宏さん。今後はバルカウンターでエスプレッソを提供するサービスも計画中。

▶▶▶ Ristorante HANATANI
（リストランテ・ハナタニ）

神戸市中央区中山手通1-27-12 富士産業ビル1F
☎078・242・5778
12:00～13:00 LO 18:00～20:30 LO 月曜＆第1・3日曜休
コース昼3,800円～、夜7,500円～、アラカルト一品2,000円前後
テーブル20席／カウンター12席／予約がベター

シェフを含め8名の厨房スタッフがキビキビと動くキッチンから、活気が伝わってくる。

炭火で浅めに焼き上げるピエモンテ種の仔牛、ファッソーネ2人前5,500円(写真は1人前)。

2.2ミリの極太麺に、バターと2種のレモン果汁を和えたレモンのパスタ1,500円（税込）。

やわらかな物腰の鈴木俊平シェフ。不定期で昼飲み推しの15時ごろからオープンすることも。

▶▶▶ RUSTICO（ルスティコ）

シンプルって何だろう（笑）とにかく"普通"でありたいんです

— ルスティコさんはすごく神戸的な"スタイルのある店"って感じているんですが。

「え、そうなんですか」

— 凛として、空間にもポリシーを感じます。シェフの考えを反映されたんですか？

「とにかくシンプルにした感じですかね。イタリアンだけど、空間とかはパリのレストランやビストロとかフランスの店が好きなので、参考にしました」

— 壁に"ルスティコ"って、書いてしまうとこ！（写真左）

「これは、ピンクフロイドのアルバムのジャケットを真似して。壁が似てるから、書こうって（笑）」

— そのさり気なさ。料理にも共通する気がします。

「料理は年々、シンプルになってますね。フルーツにブラッティーナチーズかけて、オリーブオイルかけて出すみたいな（笑）。食べたいものを純粋に楽しんでもらうストレートな料理が増えました」

— 何か心境の変化が？

「手を加えるより、肉なら肉だけで旨いやんって、あるとき、思ったんですよね」

— 極端ですね（笑）

「たとえばボロネーゼとかおいしいから残ってる料理をちゃんとつくりたいんです。食材や調味料をいろいろ使うというより、最低限の素材で主役をそのまま楽しむようなシンプルな料理」

—「シンプル」はキーワードなんですね。シェフにとって「シンプル」って何ですか？

「時代を超えて残っていくもんやと思います。」

撮影／香西ジュン

神戸市中央区中山手通4-2-2
鯉川林ビル1F
☎078·333·0635
18:00～23:00LO　不定休
テーブル10席／カウンター6席
予約がベター

佐賀牛赤身5,000円、ニュージーランド産
ラムチョップ2,800円（共に写真は250g）

2016年に移転リニューアル。店内中央でオーナーシェフの菅徹さんがていねいに肉を焼き上げる。

>>> obiobi（オビオビ）

8年向き合ってやっと理想が定まってきました

― オープン当初の看板メニューは串焼きでしたよね。

「オープンして3年目くらいに炭で焼いてみたら衝撃的においしくて。1時間かけて炭だけで焼くっていうのが、当時はまだなくて。予約してわざわざ来ていただくなら、料理をグレードアップしようと変わってきて」

― 塊肉ブーム前夜ですね。炭で焼くと違いますか？

「同じ炭焼きでも、オーブンに一度入れる店も多いんですけど、炭だけなんで、しっかり火は入りながらも中はキワキワまでロゼ色で香りもいいですね」

― このグリラーも手づくり！

「ミリ単位で設計して、つくったんです（笑）。営業中は20個くらい、いろんな大きさのいろんな肉がゴロゴロ乗って」

― 壮観ですね！ 店内中央で注目浴びますね。

「見られとうのはもう慣れましたけどね。焼いてるときはどの肉があと何分で、どの肉があのテーブルので…頭フル回転（笑）」

― 肉質によって火の入り方が違うから、忙しいんですね。

「たとえば牛肉なら、神戸牛と佐賀牛を扱ってるんですけど、同じ牛でも融解温度の差で焼け方がまったく違う。神戸牛は香りが繊細でブルゴーニュのワインみたい。佐賀牛は旨みのパンチが強くてローヌのワインのようなイメージです」

― そうやって、肉をイメージでとらえるんですね。

「8年向き合って、やっと理想の焼き方に近づいてきました」

撮影／高見尊裕

神戸市中央区加納町4-9-29-1F
☎078·325·0606
17:30〜0:30 LO 不定休
コース夜4,500円〜
テーブル20席／カウンター13席
予約がベター

今年で開業15年目。大阪・法善寺の浪速割烹料理店を実家に持つ、主人の上野直哉さん。神戸のカウンターに響く、上野さんのやわらかな浪速言葉を聞くのも楽しい。

「これだけは削ぎ落とす料理じゃなくて足し算の料理」と上野さん。豆腐と白味噌を合わせた和え地のまろやかさに、シロナや柿、菊花、黒皮茸の食感や香り、苦みが共鳴。

一品でも思い出の味があれば豊かになれるんやないですかね

＞＞＞ 玄斎（げんさい）

——今日は和え物をつくっていただいたんですか！

「ほかの店では流されそうな一品やけど、うちでは気の張った料理と料理の間にお出しする場面転換役。ほっと肩の力が抜ける、うちらしい料理かな思って」

——和え物って、家庭料理なのに家でつくらないですね。

「意外と材料いるしね。こういうほっこりするもんこそ、大事につくりたいんですよね」

——どうしてですか？

「味って、よくも悪くも記憶の連続でしょ。ずっと心に残って、それを子どもに伝えたくなるほど自分の経験に自然と入ったもんは忘れないし、心を豊かにする。シンプルなもんほどホントに心を打つんと違うかなって思うんです。うちの料理がその一品になればいいですよね。だから料理人としての技術的な部分は影に潜んでていいと思うんです」

——いつからそういう考えに？

「元々、奇をてらったもんに関心ない方やったけど、自分が歳を重ねてきてからかな。最近、心から和食が好きなんですよ。以前は何でも食べてたけど、今は和食だけでいいかもって」

——それは、料理にも変化が？

「ちょっとしたことですね。適度な量感ですかね。前は自信ないし多めに多めに（笑）盛っていたもんを適度にしたり」

——カウンター越しに手元を見られてたら、つい多く盛りそうですね（笑）。

「見えるライブ感はカウンターの醍醐味なんですけどね。今回の企画でいうたら、話し上手な店主が迎えてくれる感じがいいんと違う？ でも僕は全然しゃべらへん（笑）。話を聞かせてもらう方。いろんなジャンルの方のお話が聞けるとこが楽しいんですよ」

撮影／上仲正寿

心から和食が好きなんです もうこれだけでいいかなって

神戸市中央区中山手通4-16-14 ☎078·221·8851
（12:00～、18:00～21:00 LO（最終入店）月曜休
コース昼5,000円、夜12,000円
カウンター10席／前日までの要予約

（上）4年前に移転。手仕事の雑貨を扱うギャラリーの敷地内という、静かな空間。（中）休日は兵庫県の在来種の野菜を育てる農家をはじめ、兵庫の生産者を訪ねることも多いという。（下）「季節感や色合いを直感的に重ねていく、日本のサラダ。買い物に行くと、まず和え物のことを考える」と上野さん。手元の見えるカウンターが楽しい。

オーナーシェフ・近藤弘康さんのジェントルマンな物腰と、やわらかい笑顔が心地いい。

キッシュ・ロレーヌ420円。豊富な一品と20種そろう700円～のグラスワインといっしょに。

>>> 神戸近藤亭 きっしゅや

これはもう、直感ですねえ ひと通りのことやりましたから

― 10年前、開店されたときは〝キッシュ専門〟が衝撃でした。すごいピンポイント！って（笑）

「当時からキッシュは何でも入れられるイメージがあったので、キッシュといううつわで、近藤亭の料理を持ち帰れたらおもしろいな、という発想でした」

― 思い切った決断ですよね。

「先輩方には猛反対されました（笑）。でも僕はサービス、ソムリエ、料理をひと通りやってきた部分での直感があって、しかもテイクアウトをやりたかったので、コレしかない！と思ったんです」

― バランスのよさが生んだ先見の明ですね。

「バランスがいいかはわからないけど（笑）。キッシュも自由なことできちゃうんです。先日も日本酒のイベント用に山芋と明太子を使いました」

― おもしろい！ 今までに何種類のキッシュが生まれたんですか？

「限りなくつくれますからね。100種以上はありますよね」

― 姉妹店をこちらに集約されたのも、何かお考えが？

「経営に回る部分が多くなったので集約して、自分が料理もサービスもしたくなったんです。元々、もっとお客さんに寄った店としてカウンターだけの店を始めたので、時代的に残すならビストロよりこちらかなと。お客様とおしゃべりしたり、食べ方や飲み方でワインのお好みがわかったりするのが、今はたまらなく楽しいですね」

神戸市中央区山本通1-7-5
メゾンブランシュ B1
☏078・232・0620
18:00～22:00 LO（テイクアウトは11:00～）
月曜休（祝日の場合は翌日休）
カウンター14席／予約がベター

撮影／高見尊裕

料理は年々シンプルになってきたと話す加古拓央シェフ。基本的に一人で切り盛りする。

夜コースより、神津牧場リブロースのグリル。野趣ある肉質に、スパイシーなソースが絡む。

＞＞＞ anonyme（アノニム）

満足しないまま生きるのは職人として幸せなんちゃうかな

―「アノニム」になられて7年。変化はありますか？

「ポリシーみたいなものはないので、変化は多いですよね。考えは常に変わるから。自分のしたい料理とそれが受け入れられるかというのは別ですけど」

―理想と現実の狭間ですか。

「それぞれのお客様が持っているモノサシの中でしか料理って評価されないから、あまり攻めすぎた料理をすると結局わからないままになっちゃう。だから、最近は大人しく見せかけた料理でところどころ遊んでますね（笑）」

―見せかけ（笑）

「料理って、つくり続けてるとある程度形が決まっちゃうので、実はつまんなくなるんです」

―でも加古シェフは、そのたびに脱皮されてますよね。

「うーん脱皮。でもそのたびに店を一度閉めるとなるとしんどいですよね（笑）。フランス料理って、そもそもカタチのないもの。その自由がまた難しい」

―70年代や80年代にフレンチで花開いた神戸で、フレンチの店をすることに対する特別な思いはありますか？

「ないですね。最初の『エスパス』を開けたころはそれがナンボのもんじゃっていう気持ちで始めたから、いまだにアンチ神戸の筆頭でありたい。理由もなく巨人嫌いなんと同じですよね。理由なく左側の人でありたい（笑）」

―それは、左側でいることで、頑張れるから？

「戒めですかね。そっち側に行ったら勘違いしてしまうから」

撮影／上仲正寿

神戸市中央区下山手通4-13-3
☎078·778·0965
12:00～13:00 LO 18:00～20:00 LO
日曜休＆月曜の昼休
コース昼4,200円、夜5,800円
カウンター 8席／前日までの要予約

「お客さんとしゃべるのが好き」というオーナーシェフの岸本達哉さん。ゲストと目線が合うよう厨房より一段高くなっているカウンター越しに、トークが弾む。

自家挽きのイベリコ豚ミンチを軽く混ぜることで舌の上でふわっとほどける驚くべき食感に。このつくり方もマイナーチェンジを繰り返してきた。田舎風お肉のパテ1,400円(税込)

Bec（ベック）

ユニフォームはマリメッコ 永遠の定番がテーマなんです

―― そのシャツ、かわいいですね。

「この服ですか？ マリメッコです。ユニフォームなんです。同じもんを何枚も持ってます」

―― 何枚も（笑）。服装も空間も、メニューも変わらないんですね。

「変えないっていうのはオープンからのコンセプトですね」

―― "変え続けないと飽きられる"業界の定説の真逆ですね。どうしてそう考えるように？

「身の丈に合う店を考えたんですよね。一人でやりたいからカウンターで、食べ飲みして欲しいからフランスの惣菜を出す店にして。じゃあ、自分の中でビストロの定義とは？って考えて」

―― 定義、何だったんですか？

「変わらない料理ですよね。今ってフランス料理がなにか不明瞭な時代で。そんな中、パテとかキャロットラペは、揺るぎない料理だなと。永遠の定番を出す普遍的な店にしたかったんです」

―― あ、マリメッコの定番の服も、そこにつながるんですね。

「もちろん、マイナーチェンジはありますけど」

―― どんなマイナーチェンジが？

「この料理ならこうあるべき！と頑なにつくってたけど。たとえばパテは以前より塩分濃度が半分以下になって、指先で感じる塩加減や食材によって味を変えたりしてもええんちゃう？って、肩の力が抜けてきましたね。自分が年齢を重ねて、嗜好の変化があったことも大きいけど、年を経て続けないとわからないこともあると8年目の今思います。だから、地味で見た目も変わらない、でも中身は変化してるウチみたいな店は、少しづつ、評価してもらえるんじゃないかな、って信じてるんです」

撮影／香西ジュン

年取ったんですかねえ 肩の力が抜けてきました

神戸市中央区中山手通4-2-2 ステイツワン1F
☎078-321-0346
18:00〜23:00 LO 日曜休
カウンター13席／予約がベター

（上）ここ一年で食生活がシンプルになり、以前は否定的だった自然派ワインも置くように。（中）店内はいつも物がない整然とした端正な空間。「生活感が見えないように」を徹する。使う道具にもポリシーを感じる。（下）名店が集う県庁前の一角。控えめな灯りと静かな佇まいが名店だと語る。

打てば響くトークが弾ける、店主の辻雄樹さん。独学という料理に輝くセンスが楽しい。

コースはアテ6品、名古屋コーチンと比内地鶏を使う焼鳥7品、野菜の漬物を順に提供。

＞＞＞ 梵讃（ぼんさん）

みんな同じっていうのがヤで違和感しかないんです

― ガッチリされてますね。スポーツをされてたんですか？

「剣道をやってました。あと前職が建築関係だったんですよ。8年くらいやってました」

― そこから飲食へ？ どういう心変わりがあったんですか？

「土と壁を相手にしてたんで、人としゃべりたなったんですよね（笑）。まずフレンチに行ったけど始めるのが遅かったんで、習得に時間がかかると思って、特化しようと考えて、焼鳥を」

― じゃあこの店の壁の左官仕事はご自身で？ 細部まですごい。

「やりすぎちゃいました（笑）」

― 寿司屋みたいなシュッとしたカウンターに合いますね。

「まさに寿司屋をイメージしました。かっこよく見えて。無口なのは無理だけど（笑）」

― しゃべりたいんだ（笑）。ムネ肉とマスカルポーネを和えたバゲットのオープンサンドが出てきたり、意外性ありますね。

「焼鳥屋の〝最初は刺し盛りから〟っていうのがみんな同じで違和感しかないんです。切ってそのまま出すのも妥協っぽくてヤで。だから味付けもこちらですべてして、仕立てたものをお出ししたいんです」

― そのへんも醤油を塗ってから出す寿司屋みたいなんですね。じゃあ、お客は寿司屋に通うような年配の方が多いんですか？

「ありがたいことに年上の男性にかわいがってもらえることが多くて。10代から年上の親方と仕事してたからなのか。忖度が上手なのかも（笑）」

撮影／上仲正寿

神戸市中央区加納町4-7-1
ウッディタウンビル3F
☎078-599-6190
17:30～22:30LO　日曜休
コース6,000円
テーブル4席／カウンター6席／予約がベター

serious organic

NATURAL FARMING
• NO PLOUGHING
• NO PESTICIDES & CHEMICALS
• NO GMO
• BUGS & WEEDS ARE

時代は自然派&地産地消

人は、生きていると必ずお腹がすく生き物だ。
そして、人は食べると元気になる！
野菜や牛乳、魚が血となり肉となる。
食べ物からエネルギーをもらって、
人は行動し、笑い、歌い、踊る。
生きることは、食べること。
地元のもの、天然のもの、オーガニック、手づくり、
そういう食べ物を食せる未来であって欲しい。
私たちのまち神戸で、
「健やか」の種まきはじまり、
少しずつ芽吹いている。

撮影／野本幸子・桐谷真知子・岡本佳樹　取材／いなだみほ・寺下光彦

ファーマーズマーケットに出店する生産者たち。「農をもっと身近に」という想いを積極的に消費者に伝える場として、東遊園地に集まる。

（左）昭和27年創業の「原商店」のトラック。純国産大豆と地下水、2種類の天然にがりを使用した豆腐を販売。（中）毎回出店者が変わる“朝ごはん”ブースも楽しい！ 取材時は「ネイバーフード」安藤美保さんのつくる野菜たっぷりにゅうめん500円（税込）。（右）各店で購入した旬野菜＆果物。どれもみずみずしく美しい。

地域でつくる 未来を見据えた 日常の暮らし

「おはようございます」の声が飛び交う東遊園地の朝。10月某日土曜日のファーマーズマーケットには、ナチュラリズムファーム、チアファーム、とうふ屋原商店、菓子屋マツリカ、北坂養鶏場などのみなさん。それぞれのブースには、朝収穫したばかりのみずみずしい野菜、卵、つくりたての豆腐、焼きたてのパンや菓子が並び、そこにお客さんが集う。「こないだ教えてもらったつくり方、試したよ」、「今度はこっち買ってみるわ」と、顔なじみとのやりとりも聞こえてきて、この朝市が定着化していることがわかる。「いいまちって朝市をはじめ、市民の交流の場があるんですよね。神戸をそんなまちにしたい」と話すのは、朝市を運営するメンバーの一人、小泉亜由美さん。「山と海に囲まれた神戸は、農水産物が豊富。それに都心部と農地がとっても近い。実

「木の下で開催を」というアメリカのファーマーズマーケット運営団体のアドバイスにより東遊園地で開催。

北野坂の中腹にある「FARM STAND」。観光客も多いエリアで神戸の地産地消を提唱する。

ランチに付くぬか漬け。しっかり漬かったオクラ、ゴーヤ、キュウリ、ナスはブッフェスタイルでおかわり自由。

（左）代表の小泉寛明、亜由美夫妻。（中）日替わりの神戸野菜のランチ900円（税込）。この日はマコモタケと人参葉とレンコンのかき揚げ、サツマイモとカボチャのホッコリ煮、ナス、油揚げ、豆腐の味噌汁など。（右）兵庫区で野生に近い形で育てられた山羊堂のハーブひと束300円（税込）。ローズマリー、スペアミントなど、どれもいきいきいい香り。

は神戸は面積の3分の1が山と農地なんですよ」。神戸の「農」をもっと身近に感じてほしい、生産者と消費者をつなぎたいと始めたファーマーズマーケットも4年を経過。

　また2018年夏にオープンした「ファームスタンド」では農作物のほか、産物を加工した料理やスイーツなども扱う。「地産地消の次のステップとして、目指すのは〝アーバン・ファーミング〟」と小泉さん。「まずは手軽なベランダ菜園を提案。都心でも自分の手でつくった野菜を食べる人が増えることが理想ですね」。神戸では「農」を身近にする種まきがすでに始まっている。

木のぬくもり感じるカフェでは、自家製スムージー500円（税込）や月替わりのコーヒー300円（税込）も味わえる。

FARMERS MARKET

（ファーマーズ・マーケット）

神戸市中央区加納町6 東遊園地内
9:00〜12:30
※雨天開催。荒天の場合、中止の場合あり
開催日はHP、フェイスブックで告知

FARMSTAND

（ファームスタンド）

神戸市中央区山本通1-7-15
KITANOMADO 1F
☎050-5338-6667　9:00〜17:30
（ランチ11:30〜売り切れ次第終了）
無休　テーブル24席

フロマージュ・フレのパッケージには、弓削夫妻の3人の子どもたちのイラスト。大人になった3人は夫妻とともに牧場を支えている。

弓削ファミリー。大人は左から次女麻子さん、場長の忠生さん、和子さん、長男太郎さん(長女杏子さんはポートランドに在住)。子どもは左から麻子さんの次男航太くん、長男優太くん、太郎さんの長男拓也くん、次男直也くん、そしてヤギのうーたん。

未来を描く自給自足、自家発電！

神戸の中心部からクルマを走らせること20分。新興住宅街のすぐそばに突如現れる牧場!! 1970年に弓削忠生さん一家が一帯の山林を開拓した小さな牧場だ。小さいといっても、敷地は9ヘクタール、甲子園球場の約2～3倍。標高400メートルにあり、夏場だと神戸市街に比べてかなり涼しい。神戸っ子にとっては、近場のオアシス。多くの人が、のどかさとここにしかない味を目指してクルマを走らせる。

現在、牧場には、仔牛、育成牛も含め45頭がいる。牛たちは牧場の奥まったところにある静かな草地、林地で草を食む。ストレスフリーの環境で育った牛の乳は、濃厚でミルキー。低温殺菌、ノンホモで瓶詰めした牛乳は数日たっても乳酸菌が生きているという。そんな自家加工の牛乳をフロマージュ・フレやカマンベールチーズ、リコッタチーズなどに加工しているのは長男・太郎さん。さらにこれらのチーズを生かした料理を次女・麻子さんが提供している。酪農生産をベースにしながら、畑で野菜を育て、家族が食べるものをお客様にも楽しんでもらう。ここに来るとまるで弓削ファミリーのおもてなしを受けているような気分に。

そして今、弓削忠生さん、和子さん夫妻の新たな挑戦は、なんと自家発電である。「牛の糞尿や野菜クズをガスに変えて発電するシステムを実証実験中。「天災が起き、停電したら搾乳器を稼働で

（左上）自家製4種のピザ・はちみつ添え1,800円。モッツアレラ、リコッタ、カマンベール、フロマージュ プチタロ一の味わいが重なり合う。はちみつをかけるとデザート風味に。（左中）あっさりとしたリコッタ、深みあるプチタロー、ミルキーなモッツアレラ。（左下）黒毛和牛のミンチにカマンベールとハーブを練り込んで焼き上げたミートローフのブランチ2,200円。（右）カマンベールがアツアツとろり、牧場の冬の風物詩、チーズフォンデュ2,900円～。畑の野菜や黒パンにからめていただく。

カマンベールチーズと牛乳を味わってもらえる場所をとつくった山小屋ロッジ風「チーズハウス ヤルゴイ」。寒くなってくるとチーズフォンデュを目当てに多くの人が訪れる。

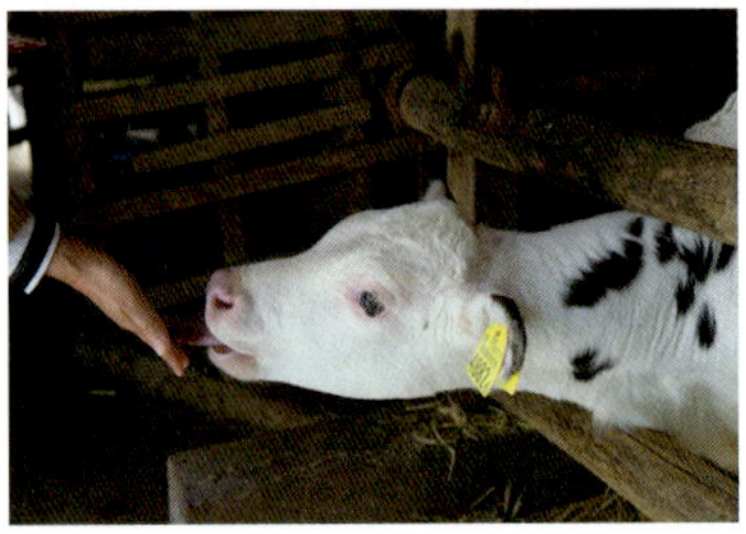

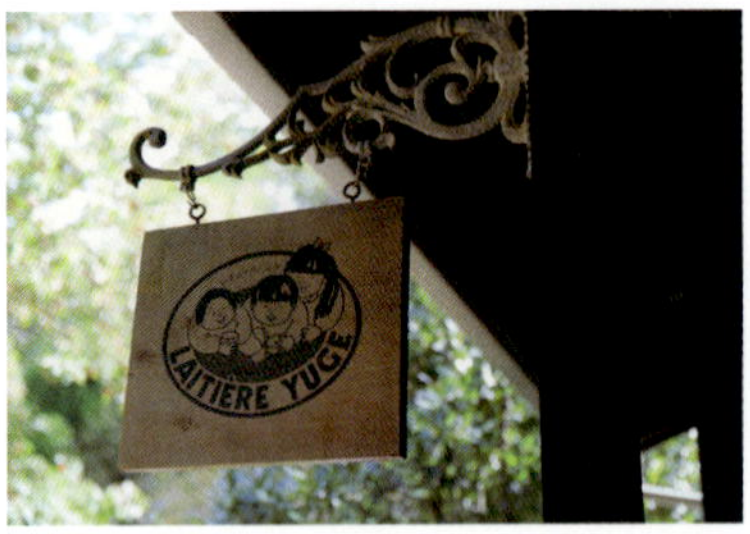

(左)自然素材が心地いい「チーズハウス ヤルゴイ」の店内。風が抜ける窓辺のカウンターからは山野草が目に和む。丸太のイスに座ってほっこりしたい。(中)9月に生まれたばかりの仔牛。人なつっこくて、かわいいレオちゃん。(右)杏子さん、麻子さん、太郎さんの3兄弟の看板やパッケージは、もうすっかりおなじみ。

きずお乳の張った牛たちを苦しめることになります。自家発電できたら、そんな不安も一掃できる。何より廃棄物が燃料になる、その仕組みを構築できたら、ライフスタイルが変わると思うんですよね」と忠生さん。陽の光を受けてぶらりと歩いたり、やわらかな土の感触を足の裏に感じたり、風の匂いを嗅いだり、牛やヤギと会話したり…。ここは、自然に満たされて癒されると同時に、暮らすことの在り方を見直せる場所でもあることを体感した。大地の恵みに感謝しながら、心を込めて暮らすことをさらりと行う弓削ファミリーって、すごい!「みんながバイオガスで暮らせたら、どんなにすばらしいか」。力強く朗らかに語る弓削さんの顔に明るい未来が見えた。

{ 知っておきたい弓削牧場の歩み }

1943年	初代・弓削吉道さんが箕谷酪農場を設立
1970年	現在の場所に牧場を移転
1983年	忠生さんが2代目就任
1984年	チーズ工房完成。カマンベールチーズ、フロマージュ・フレの販売開始
2004年	ANA国際線機内食に採用
2006年	搾乳ロボット導入、24時間完全放牧開始
2012年	ホエイ化粧水販売スタート 牛糞尿によるメタンガス発生の実証実験開始
2016年	あずまや、温室にバイオガスによるガス灯が点灯

弓削牧場(ゆげぼくじょう)

神戸市北区山田町下谷上西丸山5-2 ✆078·581·3220
11:00〜17:00(LO 16:30、15:00〜はカフェタイム)
水曜休(1·2月は火·水曜休) テーブル50席
https://www.yugefarm.com

搾乳前の若い牛は山の中で24時間過ごす。ストレスなく自由に遊び、同時に体も鍛えられる。

フロマージュ・フレとメレンゲでつくられたチーズケーキ。淡雪のような口どけとチーズのコクが、ほどよい酸味のブルーベリーのソースと好相性。450円。

チーズ工房でチーズづくりに励む太郎さん。チーズをつくるときに出る乳清の水溶性たんぱく質を加熱、凝固させてつくるリコッタチーズ。大きな寸胴鍋でわずか6個しかつくれない。ほのかな牛乳の香りと甘みが特徴。700円。

1

2

3

4

5

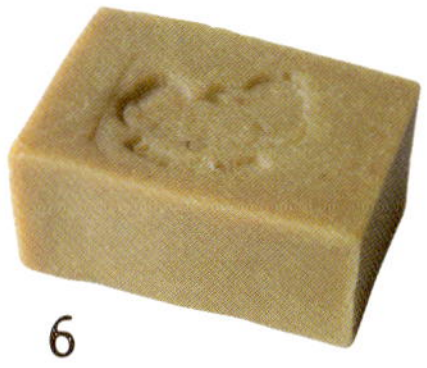

6

1.低温殺菌ノンホモ牛乳700円(900ml)。ビン詰めしたてはあっさり。2〜3日すると甘味とコクが増す。 2.発酵させていないフレッシュチーズ「フロマージュ・フレ」700円。ミルキーでほどよい酸味。 3.フロマージュ・シフォンケーキにはフレッシュチーズがたっぷり。ふんわり&しっとりとした食感で甘さ控えめ。350円。 4.牧場で採れたはちみつ1,800円。 5.ホエイ化粧水2,800円。ホエイ(乳清)と8種のハーブをブレンドしてつくった化粧水。 6.ホエイソープ700円はしっとりの洗い上がり。

ショーケースには見た目も鮮やかな惣菜や素朴なデザートが並ぶ。「食事は見た目も重要だから」と彩りを考えたり、花や葉を飾ったりするひと工夫も池尻さんらしい。

serious organic

{ 生産者の愛情を美しく伝える }

『フォカッチャ』

1カット 500円

素材の香り引き立ち
ふんわりもっちりの食感

小麦粉は北海道アグリシステムのオーガニック小麦2種。あっさりとした甘みのはるきらりと、風味と焼き色がよくもっちりとした食感のゆめちから。そしてミネラル豊富な全粒粉を加えてブレンド。高知の塩二郎の塩（細粒タイプ）1,150円、自家製塩糀1,000円、オリーブオイル、神戸ウォーターを合わせた生地は、じっくり酵母で発酵させる。風味や味はもちろん、食感も大切にするため、大きく焼いて切り分け販売。

amasora（アマソラ）
芦屋市宮塚町15-5-101
✆0797·61·8551
10:30〜19:30（日·祝は〜18:30）火曜休 6席

オーガニックな産物や、それらを素材に池尻彩子さんが作る惣菜とスイーツの店。北海道の大地でオーガニック野菜を育てているシゼントトモニイキルコト、家族のように育てている鶏が産む卵を扱うヨシダファーム…。池尻さんが、パティスリー、レストラン時代に出会った方々の産物は、オーガニック、無農薬でていねいにつくられているものばかり。

「大切に育てられた素材を大切に食べてほしい」、この気持ちを生業にしたいと独立した池尻さん。素材の魅力、おいしさを最大限に生かす調理方法を考えて提案する料理を「自然派料理」と名付けたのは、自然に抗うことなく食材と向き合う生産者さんに感謝の気持ちを込めてのことだ。「縁あって出会った生産者さんとは、深く結びつきたいし、食べてくださる方とも親密に関わっていきたい」。料理を通じて、人との関係を育む。関わる人すべて、身も心も豊かになれる。

『ひょっとこ弁当』

1500円
主菜2種、副菜4種、ごはんの詰め合わせ。

玉子焼き

大阪・八尾のヨシダファームの卵の玉子焼き。「米や柚子の皮など人と同じ食べ物で育てられている鶏の卵を使って焼きました」。

ナスの揚げびたし

シゼントトモニイキルコトのナスと新温泉町の花ナスを使用。持ち運びする弁当だから漬け込むダシはジュレに。

土佐あか牛の煮込みハンバーグ

牛肉の部位はエキスも豊富なネックを必ず！ 混ぜるパン粉も北海道アグリシステムのものを。デミソースももちろん手づくり。

古代米

ほどよく赤みを帯びた色合いが美しい古代米。白米にシゼントトモニイキルコトの古代米を1割ブレンド。もっちりとした食感。

万願寺唐辛子と完熟ピーマンのショウガ和え

シゼントトモニイキルコトの唐辛子とピーマンを素揚げ。醤油、柚子酢、柚子果汁、塩麹、甘麹、ショウガ・シロップ、青山椒を混ぜ合わせた和え衣に浸けて…。

シャドークイーンのポテトサラダ

北海道・十勝の森浦農園では収穫したジャガイモを雪室で貯蔵。寝かせることで甘みが増したポテトサラダは自家製マヨネーズと、タマネギのピクルスで和えたもの。

サンマと自家製セミドライトマトの重ね焼き

旬魚にセミドライにしたシゼントトモニイキルコトのトマトとミントを挟んでロースト。焼く前にほんの少しだけ蒸すのがアマソラ流。

高知の源流米ヒノヒカリ

吉野川源流の谷水を引いた棚田で栽培された米を、圧力鍋で。時間が経っても米の芯が立っていて甘みを感じる。

『もくずがにのビスク』

1,200円

生きたまま届くモクズガニを
殻ごと使ってコクのあるスープに！

兵庫県新温泉町の岸田川で獲れる天然のモクズガニは、生きたまま店に届く。殻を焼いてダシを取り、香味野菜とともに鍋で約3時間煮込んだあと、シゼントトモニイキルコトのトマト、昆布水、生クリームで味を整えたスープに。カニの旨みが凝縮された濃厚な味わい。トッピングされた姫路・自然農シャンデルブのエディブルフラワー・タジェットの甘酸っぱさ、ほのかなグリーンの香りがアクセントとなって味を引き締める。

『ミートパイとアップルパイ』

ミートパイ 400円　アップルパイ 400円

サクサクのパイ生地にぴったりの
ジューシーなフィリング

パイ2種は北海道アグリシステムの有機小麦粉きたほなみ、甜菜糖、バター、塩二郎の塩1,150円、神戸ウォーターをブレンドして焼き上げるパート・ブリゼがベースに。ミートパイは土佐あか牛の挽き肉をシゼントトモニイキルコトのトマトをベースのスープで煮込み、自家製塩糀、甘糀、秀明ナチュラルファームの醤油（300ml）950円で味を整えたフィリングたっぷり。アップルパイは長野産リンゴ（フジ）を皮も丸ごとキャラメル煮に。

『黄金のロールケーキ』

1本 3,600円

巻きすぎないコロンとした生地と
クリームがグッドバランス！

生地には北海道アグリシステムの有機小麦粉きたほなみ、ヨシダファームの卵、沖縄の本和香糖を使用。朝焼き上がった生地は、粗熱が取れるまで寝かせ、開店時間直前に仕上げる。たっぷりの生クリームには兵庫県新温泉町・但馬地蜂会のハチミツ響《ひびき》2,000円をブレンド。日本固有の在来種・日本ミツバチが集めたハチミツは、ほとんど市場に出回らない『幻のハチミツ』と言われる貴重なもの。ハーフ2,200円、1カット450円もあり。

イワシのエスカベッシュはオレンジで地中海風になど、冴えるパリ魂。前菜３種盛り1,600円。

ワインも自然派まっただなか

caprino
魔性の自然派、グラス25種類

「まるで、元々自分の体液の一部だったの？ と思うほど、ワインがスーッと体に溶けていく。そんな感触がとにかく感動的で。ワインの9割以上が自然派ワインになりました」とソムリエール、後藤瀬奈さん。ほかのソムリエールもいずれも若く初々しさが残るが、自然派ワインへの情熱と勉強熱心さはグランメゾンのベテランソムリエ顔負け。セラーの全150種類の中には仏、伊の気鋭生産者だけでなく、現在の自然派ワインのトップトピックスであるオーストリア、南アフリカ、スペイン、ドイツの生産者まで。中でも後藤さんが溺愛するオーストリアの「アーンドルファー」のワインは、液体の中に深くこだまするような、精神性さえ感じさせる。

加えて、フランスでしっかり修業した池耕太郎シェフの料理は、小さなタパスから骨太のメインまで、トップビストロの完成度。

で、週末は昼2時から。軽く一杯でも、しっかりブランチやディナーでも。飲めば飲むほど不思議なほど体が軽くなる、自然派ワインの福音が、このカウンターから幸せに広がっている。

カプリノ

神戸市中央区北長狭通3-2-14
☎078·335·6546
16:00〜翌1:00
（土日祝14:00〜）不定休
グラスワイン25種前後800円〜。
チャージなし。 テーブル８席／
カウンター10席／立ち飲み６名前後

カウンター以外にテーブル席もあり、しっかりディナーにもいい。

ヴァン・ナチュール（＝亜硫酸添加、赤30mg/L、白40mg/L以下が必須）の文言が、日本中で公然と誤用、悪用される中、この店のものは本物。

歴史12年。先駆店のセレクトの妙

Enoteca ber ber bar

エノテカ ベルベルバール

神戸市中央区中山手通1-9-5 ☎078・392・5253
15:00～24:00 LO　日曜休　グラスワイン15種前後800円～、小皿前菜各種500円前後～、メインディッシュ 2,000円前後～。
チャージなし。 テーブル、カウンター 各10席／立ち飲み6名

モロッコのベルベル人スタイル（店名の由来）のランプやディテールがつくる、ソフト・エキゾチックな空気感漂うカウンター。でも、このバールこそ、12年も前から自然派ワインの魅惑を神戸に伝え続けた畏敬すべき先駆店。長年重ねた目利きの鋭さは当然、最近増えたブーム便乗型自然派ワイン店とはまったくの別次元だ。自然派ワインの中でもっともシビアな基準となる、酸化防止剤（亜硫酸）の完全無添加を徹底する偉大な生産者、ジル・エ・カトリーヌ・ヴェルジェ（ヴィレ・クレッセ）、フランク・コーネリッセン（エトナ）などのほか、毎年次々に現れる新世代生産者などもいち早くフォローする。もちろん、定評のある素朴な煮込みものや、ピュアな素材感輝く前菜類など、料理のクオリティの高さも盤石だ。

さらに今年、2階に小さなワインショップもスタート。こちらも当然、100％自然派。「ボトル3000円前後で、すばらしい自然派ワインがあります。そのよさが普段の家庭の食卓にあがれば、さらにファンが増えるはず」とオーナー・宮本健司さんの真摯な情熱は、神戸のまちの宝そのものだ。

フェンネルの香りが心地いい、ヤマトポークのシチリア風煮込み2,300円。白とも好相性。

結婚、出産を機に独立した中尾さん。子どもが生まれ、素材に対する意識はより高くなったと話す。湊川のとうふ屋原商店の木綿豆腐を使用した豆腐ドーナツ200円。

パンと焼き菓子、両方主役！

「ポートランドを旅したとき、まちのパン職人や菓子職人は、ブーランジェリエでもパティシエでもなく〝ベイカー〟と名乗ってパンも菓子もつくる人が多く、それが衝撃的でした」と中尾雅子さん。「ボーダレスなところ、自分に合ってるな」と中尾さん自身も、パンと焼き菓子の両方を主役にした店を始めた。ショーケースにはタルトの横にフォカッチャやマフィンなど、パン、菓子約15種が混在する。そしてイーストの力を借りずに100％天然酵母でつくるパンはなんといっても中尾さんの譲れないこだわりだ。

（左）上から長野よしづみ農園の減農薬紅玉とサツマイモのマフィン330円、野菜のフォカッチャ 300円、篠山の無農薬渋皮栗のタルト400円は季節限定。（右）カンパーニュには、ライ麦、全粒粉を配合800円（ハーフ380円）。

BAKER（ベイカー）

芦屋市大東町10-12-104 ☏掲載不可 10:00～16:00
金or土曜のみ営業（詳しくはインスタグラムで確認を）

「ガトー・オ・ノワ」540円は、ゴマが香るバタークリームにくるみをサンド、フィナンシェ、マドレーヌ各200円にもロカボタイプがある。

ロカボと共存できる店を目指す

最近よく耳にするようになった「ロカボ」とは、緩やかな糖質制限のこと。神戸では、2016年9月に「ロカボ神戸プロジェクト」が発足。「おいしく食べて健康に」をコンセプトにロカボを提案している。発起人の一人である林周平シェフは、ロカボの日常化を目指す。「神戸のすべての店に必ずロカボメニューがあることが理想ですね。選べる自由さ、糖質を気にする人とそうでない人が一緒のテーブルを囲むことができる風通しのよさが求められる時代」と話す。現在は25店舗が加盟。糖質が気になる方に楽しんでもらえるメニューに工夫を凝らしている。

和食「玄斎」の上野直哉さん、「サ・マーシュ」西川功晃さん、フレンチレストラン「マッシマ」の松島朋宣さんと林シェフの4人が発起人。北里大学北里研究所病院（東京都）糖尿病センター長で医師の山田悟さんとタッグを組み活動している。

patisserie montplus
（パティスリー・モンプリュ）

神戸市中央区海岸通3-1-17
☏078-321-1048 10:00～19:00
火曜・第3水曜休 テーブル18席

根ざして見えてきた、このまちのすばらしさ

神戸外国人グラフィティ

異国から神戸に来て、長く生活する人たちの目には、このまちの魅力はどのように映っているのだろうか？4人のフォリナーたちの暮らしぶりをのぞいてみた。

撮影／肥野稔朗・わたなべよしこ　取材／蔵均

PURVI JHAVERI

プルビ・ジャベリさん

ヨガやダンスを通して やわらかな人生を

「メリケンパークは、とてもいい空間ですね。ヨガの5エレメンツ、土、水、火、風、空が全部そろっているんです」

インド出身のプルビさんは、北野町にスタジオ「アバンダンス」を2015年にオープン。ヨガやダンスを教えている。幼少のころにムンバイから神戸に来てから、ずっと北野町在住だ。

「北野町はちょっとパリっぽいですね。モンマルトルにとても似てます」

スタジオでは、フィジカル、マインド、コミュニティを3つの大事なこととして、まずは自分のことを整理し光を当てて、それから社会のことを考えるように指導する。未来への財産である子どもたちと、北区での稲刈りや教会での炊き出し、さまざまなボランティア活動に参加している。

「ヨガってフレキシビリティ。ただ体のやわらかさじゃなく、人生もやわらかくしていけるよう、これからも大好きな神戸で活動していきたいです」

FOREIGNER'S FILE

神戸在住歴　44年

神戸で住んだまち　北野町

ベジタリアンのプルビさんが通う店

Vieni
北野坂のイタリアンカフェバール。週に3、4回行ってるので、私の好みを全部わかっている。サラダもフレッシュ。

ちょ好み焼
諏訪山のお好み焼き屋。インド人が結構行きます。おいしいベジタリアン料理。私は、かつおダシがダメなんで、昆布とシイタケのダシで出してくれる。山芋の薄焼きとか、すごくおいしい。

ビストロ64
新鮮な野菜をオリーブオイルで食べるのがおいしい。ここのポテトフライが大好きです。

好きな神戸の場所・風景
布引の滝は、私のスタジオから歩いて30分。子どもたちと歩いて行ってそこでヨガをします。ときどき自然のエネルギーが必要なときに一人で行き瞑想します。

神戸こうなればいいのに
北野坂とかメリケンパークに、オープンドアのカフェとかレストランが欲しい。神戸は、夜の規制が厳しいので、もっと音楽とかも11時ぐらいまでOKにしたらいいのに。外国人って夜も遅くまで遊びたいですからね。

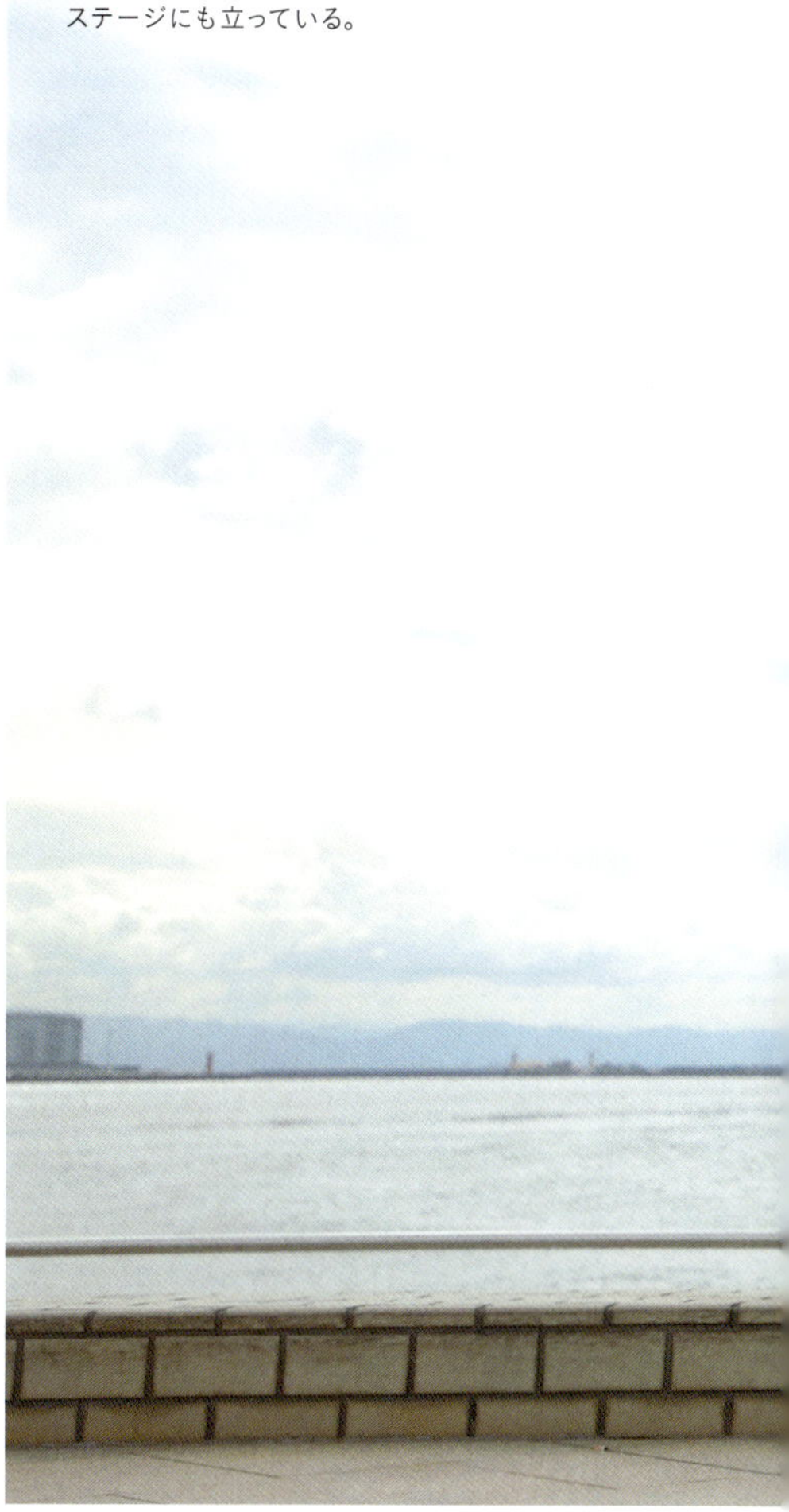

メリケンパークの海際でヨガをするプルビさん。ここで開催されたインド文化を伝えるイベント『インディア・メーラー』のステージにも立っている。

外国から来た駐在員によき暮らしを案内

カリフォルニア出身のナンシーさんは、大学生のときに大阪へ留学。卒業後に広島や東京で働いたあと、2006年から神戸へ。リロケーション会社で駐在員など外国人へ住宅の世話をする仕事に就いていた。

「いろんな国の人のお世話をしてきました。神戸は、コンパクトなまちで大阪にも西のほうへも行きやすい。海があって山があって、スポーツもできるし、食事やショッピングも楽しめる。学校もいろいろあるので、とても便利だと思います」

ご自身も、休日にはウォーキングやドライブなどを堪能。現在留学中の息子さんは、毎年住吉だんじりに参加していた。

「神戸は外国人にも住みやすく、とても国際的ですてきなまちだなあと思います」

こんな神戸で過ごした外国人は、帰国してからも、家族や友だちを連れてまた遊びに来る人も多いというのも、うれしいエピソードだ。

（下）ナンシーさんがよく家を案内した塩屋カントリークラブの前で。
「クローゼットにひと部屋使い、庭も大きいアメリカンサイズの家です」

NANCY BALDWIN

ナンシー・ボールドウィンさん

FOREIGNER'S FILE

神戸在住歴 9年

神戸で住んだまち 住吉

居酒屋好きのナンシーさんが通う店

かこも
JR住吉駅前の立ち飲み。新鮮な魚がおいしくて、ここで初めてサンマの刺身を食べました。肉もおいしい。

こめ屋
こちらも住吉の居酒屋。もともと米屋だったのを居酒屋にして21年ぐらいやってます。最近母から娘にバトンタッチされました。カウンターに家庭料理が並んでいい雰囲気。

海鮮居酒屋 三ノ宮産直市場
JR三ノ宮駅の高架下によく行きます。ほかにもグループ店が何店かあります。昼飲みできるし昼網で届く魚がおいしい。

好きな神戸の場所・風景
塩屋は仕事でよく来てたので、ここから見る明石海峡大橋のライトアップは好き。海も好きですね。

神戸こうなればいいのに
仕事でよく利用していましたが、ハーバーハイウェイの通行料、ETCにならないですかね。いちいち現金やチケットで払うのがちょっとめんどくさい。六甲アイランド〜三宮間のバスもICOCAが使えると便利だと思います。

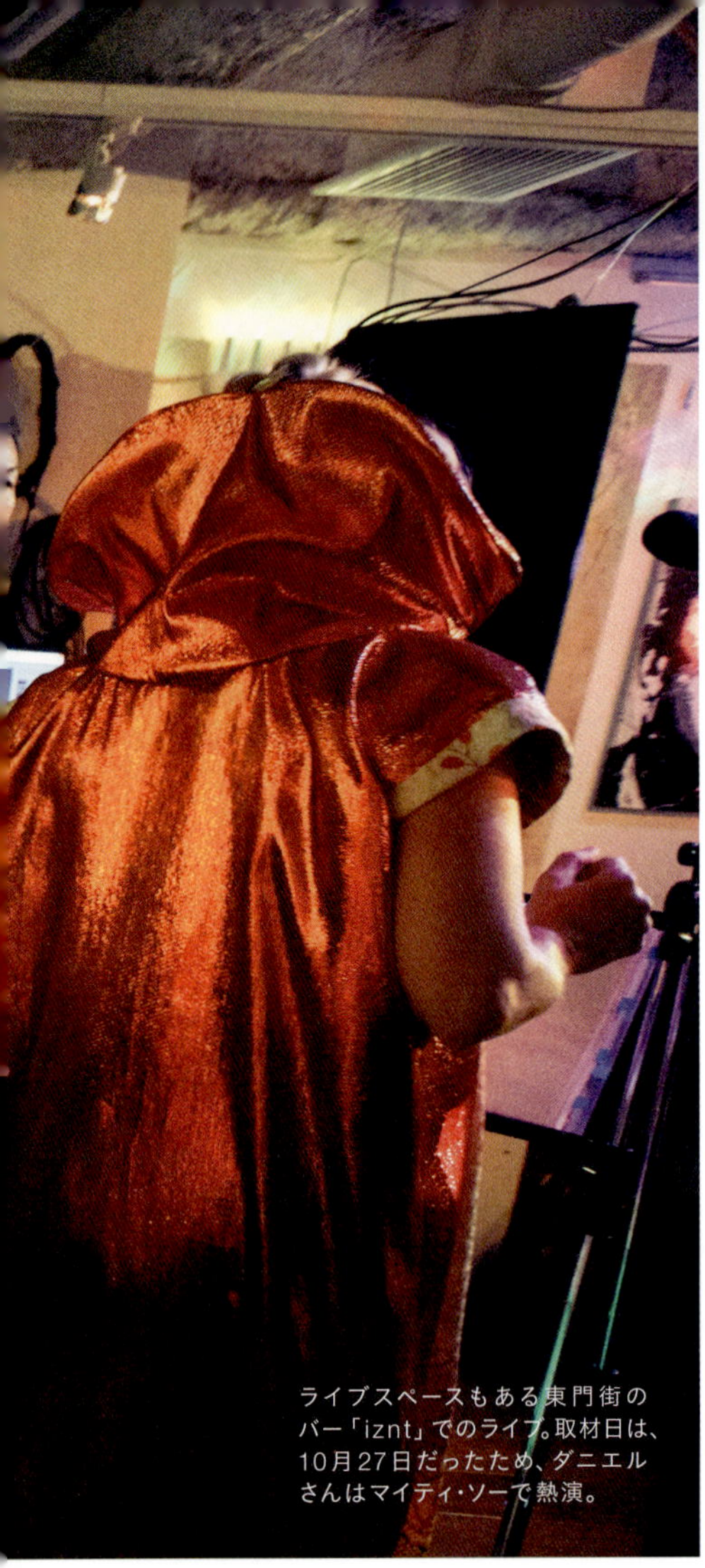

ライブスペースもある東門街のバー「iznt」でのライブ。取材日は、10月27日だったため、ダニエルさんはマイティ・ソーで熱演。

ジャストサイズのまちが過ごしやすい

実は神戸生まれのモハンさん。インド出身の祖父が戦前にすでに神戸に来ていて、三代にわたりこのまちが生活の拠点となっている。

「祖父と父で会社を設立して、輸出業をしていました。私もそこで働いていたのですが、輸入の仕事がしたくて、平成元年に会社を立ち上げました」

このときまだ24歳。順風満帆の門出だった。リーマンショックもあり業績が低迷した時期もあったが、東京や大阪へオフィスを移すことは考えなかったそうだ。

「神戸は住みやすいですからね。どこへ行っても知り合いもいる。馴染みやすいまちだと思うんですよ。大きすぎず小さすぎず」

厳しい時期が過ぎ、再び事業は軌道に乗り始めた。仕事柄お客さんとの食事も多い。

「週2、3回三宮周辺のお店へ食事に行きます。8割～9割は和食です」

おいしいお店の情報も神戸の知り合いから教えてもらうことが多いそう。モハンさんにとって、神戸は本当にジャストサイズのまちのようだ。

MOHAN GULRAJANI

グルラジャニ・モハンさん

「最初は、机一つ椅子一つ一人で始めました」という最初の事務所があった貿易ビル前で。

FOREIGNER'S FILE

神戸在住歴 52年

神戸で住んだまち 新神戸、六甲

和食好きのモハンさんが通う店

懐石料理 三木
毎月変わる献立と気さくな大将との会話を楽しみに足を運びます。料理の味はもちろん、大将の細やかな気配りも魅力。

日中韓料理 雄
“日韓中”の趣のある提灯が目印の隠れた名店。和食だけでなく中華、韓国料理とバリエーション豊かな料理が楽しめる。料理のボリュームも適度でうれしい。

鮨 栄美古
風格のある白木のカウンターでいただく江戸前寿司の店。ネタやシャリに味がついてるので、醤油につけて食べる寿司とはまた違った味わいがある。僕はこのほうが好きですね。

好きな神戸の場所・風景
毎週出かける旧居留地では、ウィンドウショッピングや販売員さんとの会話を楽しんでいます。街並みは変わらないけど歩いていると心地いい。神戸らしい雰囲気が気に入ってます。

神戸こうなればいいのに
まだまだ観光施設が少ない。たとえば淡路島は、農業や漁業が盛んで観光資源に恵まれています。この特色を生かした場所にIRができれば、きっとかっこいいスポットになると思います。神戸に立ち寄る観光客が増えるのではないでしょうか。

DANIEL C.HART

ダニエル・シ・ハートさん

音楽が縁でつながった 神戸で今日もライブ！

アメリカ出身のダニエルさんと神戸の出会いは、なんと交通事故。24歳のときに訪れた神戸で、ジャズライブを見ようとしたら、出演予定のドラマーが交通事故に遭い、居合わせたダニエルさんが急遽代理で出演したのだ。

「それから、音楽の仕事などをもらい、神戸に住み続けることになるんです。最初は六甲道のお寺で暮らしてました。毎朝5時半に起きて。すごくおもしろかった」

音楽がつないだ縁はずっと続き、今は、平日は幼稚園や小学校で英語を教えるかたわら、週末はライブ活動で忙しい。

「神戸では『チキンジョージ』や『VARIT』、『iznt』などで演奏しています。7つのバンドを掛け持ちしています」

今の住まいは垂水の霞ヶ丘。動物が好きで、今はネコ1匹、大きなイヌ2匹を飼う。かつて伊川谷で生活していたときには、ネコ5匹、イヌ13匹も世話していたそうだ。

「神戸は、山も海も近いのがいいですね。みんなやさしいし。ちょっと話しかけるだけですぐ話が弾む。『しとー』という神戸弁も好きですよ」

FOREIGNER'S FILE

神戸在住歴 27年

神戸で住んだまち 六甲道、伊川谷、塩屋、垂水

犬好きのダニエルさんが通う店
犬の散歩に行くとき、途中で立ち飲み屋に寄ります。飲みながら、ほかのお客さんと話してMCの練習をしたりね。垂水の「**きたさん**」「**あだち**」が行きつけです。

好きな神戸の場所・風景
バイクによく乗っていて、伊川谷あたりを走ることが多いのですが、大きな通りから少し裏道に入ると、左も右も田んぼで開放感のある気持ちいい場所がありますよ。

神戸こうなればいいのに
ふだん使うゴミ袋が全部中国製なので、なんで自分たちでゴミ袋をつくらないのかなと思います。そのための工場をつくると神戸市も潤いますからね。

コーヒーのまち 神戸の豆物語

150年前の開港を機に神戸にもたらされた、舶来の食の一つがコーヒーだ。当時からコーヒーの輸入を担ってきた港町には、早くも明治11年に、元町の茶舗「放香堂」が、現存する記録の中では日本で初めてコーヒーを提供。明治41年には、世界一のコーヒー生産国・ブラジルに向けた最初の日本人移民船・笠戸丸が神戸から出港し、大正〜昭和初期には多くの焙煎業者が創業。独自に試行錯誤を重ねる中で、神戸のコーヒー産業の基礎が築かれた。神戸のまちにも、モダンなカフェから神戸独特の大衆喫茶まで、さまざまな形でコーヒーを楽しむ場が広がった。

戦後になっても、日本で初となるストレートコーヒーのメニューや会員制喫茶店、ペーパードリップの1杯立てを広めたコーヒー専門店の草分けなど、全国に先駆けて新趣向を打ち出した店が出現。いち早くコーヒーに親しみ、独自の文化を生み出したコーヒータウン・神戸には、今も個性豊かなコーヒーの楽しみが満ちている。

撮影／前田博史　取材／田中慶一

生産者を身近に支える コーヒーの新たな提案

店主の上野真人さんが、この地に開店したのは、小児がん専門治療施設「チャイルドケモハウス」の存在に感銘を受けたのがきっかけ。「理不尽を解決する姿勢は、生産者に貢献するスペシャルティコーヒーも同じ」と、トレーサビリティ（追跡可能性）が明確な豆のみを扱い、豆の名称に生産者の名を冠するなど、産地を支援する試みが随所に。また、分かりやすく5種に絞った味の分類や、抽出が簡便なコーヒーバッグといった、気軽にコーヒーを楽しめる工夫も。味わいだけでなく、産地とのつながりを身近に感じる提案で、コーヒーの魅力を伝えている。

LANDMADE（ランドメイド）

神戸市中央区港島中町3-1-2-14
☎078·954·5077
11:00〜19:00　日曜・祝日休

豆は定番のブレンド5種、シングルオリジン4種、チャリティーブレンド2種をそろえる。

おすすめ！

毎日飲んでも飲み飽きないハウスブレンドの365日
100g 350円〜。

華やかな果実味が印象的なエチオピア・エレアナ
100g 680円〜。

（左）古民家を自ら改装したショップは、焙煎所兼ビーンズショップを兼ねる。（右）機関車のような見た目が特徴のGIESEN社の焙煎機を関西で初めて導入。

多彩なコーヒーの楽しみを神戸から発信

世界10ヵ国以上のコーヒー文化を体験してきた店主・木村大輔さんが、2013年末にオープンしたコーヒーショップ。関西では数少ないオランダGIESEN社の焙煎機で、産地、品種に合わせた焙煎度で豆の個性を引き出した、10種の銘柄をそろえ、世界基準のスペシャルティコーヒーを神戸から発信している。また、2018年4月には本店の向かいに、2号店のスタンドも開店。香港のグロサリーと共同開発したコーヒー焼酎を使ったメニューなど、創意が光るアレンジコーヒーも好評だ。枠にとらわれない発想で、幅広いコーヒーの楽しみ方を提案している。

Beyond coffee roasters（ビヨンド・コーヒー・ロースターズ）

神戸市中央区中山手通2-17-2
☎080·2429·5903　11:00〜19:00　火・水曜休

おすすめ！

インドネシアとエチオピアを配合した、定番のブレンド#2
100g 680円。

香り華やかな、エチオピア・イルガチェフのドリップバッグ
1袋150円。

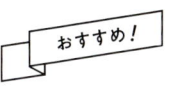

(左) 豆の購入時は、店頭にズラリと並んだ生豆をその場で焙煎。(右) 木の風合いを生かした店内には、イートインスペースもあり。

新鮮な香りと味わいをこだわりの“三たて”で

「豆は生鮮食品」をモットーに、煎りたて、挽きたて、淹れたてにこだわる一軒。ブレンド6種、シングルオリジン16種とバラエティに富んだ豆は、生豆の状態でチョイス。少量をスピーディーに焙煎できる直火焙煎機「まめ吉くん」で、多彩なコーヒーのフレッシュな風味を提供する。好みに合わせた焙煎度のリクエストも可能で、コーヒーができあがるまでのプロセスを、目の前で体感できるのが楽しい。またイートインでは、オリジナルのブレンドや一杯ずつ抽出するアイスコーヒーをはじめ、ユニークなアレンジドリンクも好評だ。

まめや六甲店

神戸市灘区永手町5-7-8 第三六甲センタービル1F
☎078·842·1660　11:00～19:00　月·火曜休(祝日の場合営業)

おすすめ！

六甲店限定の六甲道ブレンド200g 1,200円(税込)。どっしりとした苦味が特徴。

まめやブレンド 200g 980円(税込)。すっきり飲みやすいハウスブレンド。

豆の個性が響き合うブレンドの協奏曲

1991年の創業以来、コーヒーの風味をより鮮明に引き出す焙煎を追究してきた店主の大平洋士さん。「お店のキャラクターが出るブレンドは、お客さんとのやり取りからできていくもの」と、今もブレンドを主体に、お客の好みに合わせて幅広い味わいを提案する。近年は、コーヒー豆の品質向上に合わせて、焙煎機も完全熱風式に入れ替え。スペシャルティコーヒーの際立つ個性を活かした重奏的な豆の配合で、多彩な風味が響き合うブレンドの妙味を表現する。創意あふれる味と香りのハーモニーで、コーヒーの楽しみを広げてくれる一軒だ。

樽珈屋(たるこや)

神戸市中央区下山手通2-5-4 深澤ビル1F
☎078·333·8533　11:00～20:00　水曜休

(左) キャリア40年以上の店主·大平さん。同業者からの信頼も厚い。
(下) 震災後に三宮からトアロードに移転。全国にファンを持つ老舗。

おすすめ！

甘みとまろやかな味わいが特徴の、中煎りのアマンドブレンド100g 540円。

苦味、酸味がほどよく調和する、中深煎りのアラビアンブレンド100g 540円。

カップから農園まで コーヒーの世界を 巡る旅へ

１９３３年の創業以来、神戸のコーヒー産業の礎を築き、時代をリードしてきたＵＣＣ上島珈琲。日本最大のコーヒー・カンパニーとして、「コーヒーの素晴らしさを一人でも多くの人に伝えたい」という想いを形にし、87年に開館したのが「ＵＣＣコーヒー博物館」だ。モスクを模した建築は、81年のポートピア博覧会に出展した巨大なカップ型パビリオンを改装。館内は、コーヒーの歴史をひもとく「起源」に始まり、「栽培」「鑑定」「焙煎」「抽出」を経て、生活を彩る「文化」に至るまで、６テーマで構成されている。コーヒーのドリップさながらに、最上階から螺旋形のスロープを下りながら数々の展示を巡る時間は、壮大なコーヒーの物語をたどる旅そのものだ。

また併設の喫茶室「コーヒーロード」では、〝幻のコーヒー〟と呼ばれるブルボン・ポワントゥ（１日５杯限定）をはじめ、希少なスペシャルティコーヒーを厳選。コーヒー抽出のスペシャリストが淹れる格別の一杯で、未知なる風味と出合えるのも、大きな楽しみの一つ。カップから農園までを網羅した唯一無二の博物館は、神戸が誇る〝コーヒーの殿堂〟。香り立つコーヒーの奥深い世界を、五感を通してじっくりと味わいたい。

D

E

F

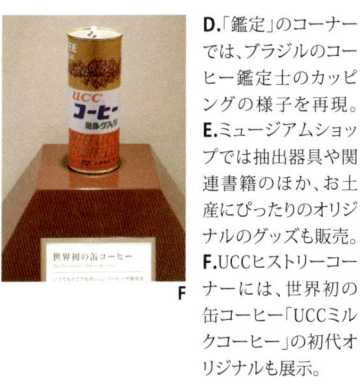

D.「鑑定」のコーナーでは、ブラジルのコーヒー鑑定士のカッピングの様子を再現。**E.**ミュージアムショップでは抽出器具や関連書籍のほか、お土産にぴったりのオリジナルのグッズも販売。**F.**UCCヒストリーコーナーには、世界初の缶コーヒー「UCCミルクコーヒー」の初代オリジナルも展示。

A

B

C

A.「コーヒーロード」では、店長の中野静香さんがコーヒーを提供。多彩な豆の個性を引き出した一杯を楽しめる。**B.**店内は陽光が心地よいシックな空間。**C.**生産地に出向いて厳選した最高峰のスペシャルティコーヒーを取り揃え、豆の購入も可能。

UCCコーヒー博物館

神戸市中央区港島中町6丁目6-2
☎078-302-8880
[開館時間] 10:00〜17:00
(入館は16:30まで)
[休館日] 毎週月曜日
(月曜祝日の場合は翌日)・
年末年始
[駅] ポートライナー南公園駅

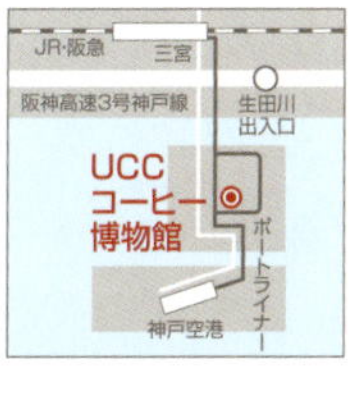

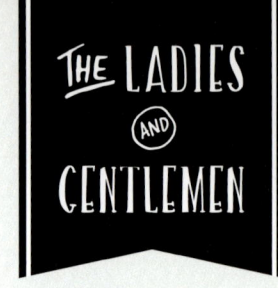

こんな人がいるから、このまちは魅力的

港町の紳士淑女たち

まちの成熟度は、その地で活動をする人がいかに魅力的かで変わってくるはず。神戸をずっと愛し、個性的、精力的な活動をしている7人の人となりをフィーチャー。

取材／田中慶一　イラスト／赤井稚佳

田中まこ

神戸フィルムオフィス 顧問

神戸を世界の“チネチッタ”に

震災後の神戸を元気づけるべく、「神戸フィルムオフィス」代表に就任してから、およそ20年。日本のフィルムコミッション（以下FC）草創期を牽引してきた田中さん。神戸のまちを歩けば、「映画の人やんな？」「今日はロケハン？」と声がかかる。かつて〝『夜のヒットスタジオ』の通訳〟としてお茶の間に知られた存在だったが、いまやすっかり〝神戸のまこさん〟だ。

まちの復興のために、それまで日本になかったFCを提案できたのは、学生時代をアメリカで過ごし、当地のFCの存在を知っていた国際経験があってこそ。都会の街並みと山と海の自然が共存し、歴史的な建築が残り、陸海空の乗り物がそろう神戸は、「撮影に向いてるのに、以前からもったいないなと感じていて。神戸ならうまくいく」との確信があった。なにより、震災を機にできたということが、まちぐるみで活動を支えるモチベーションを支え、地元の人々も継続に意義を見い出すまでになった。当初は、FCと観光誘致を混同されることも多かったが、心を打つ作品が鑑賞者に訴えかけて初めて観光につながることを繰り返し説いてきた。

そして身近な生活の場が映画の中に残ることが、地元の人の喜び、誇りにつながる。映画ファンを神戸ファンに、神戸ファンを映画ファンに。その活動が浸透し、毎年100以上の撮影を誘致し、その7割がリピーターとして神戸を訪れる。

現在は、ジャパン・フィルムコミッション理事長として、日本をロケ地として世界にPRする田中さん。日本のFCの先駆けとして積み重ねてきたノウハウを、各地のFCにも伝えている。「神戸フィルムオフィス」設立以来、年々撮影場所を増やし、今や「まちごとオープンセット！」と呼べるまでに広がった。かつての映画のまち・神戸が、〝日本のチネチッタ〟として、世界中に知られる日も遠くはない。

たなか まこ

1955年生まれ。大学卒業後は番組制作、通訳、ラジオDJを経験し、2000年に「神戸フィルムオフィス」代表就任。16年4月より同顧問。16年からジャパン・フィルムコミッション理事長、ひょうご観光親善大使に就任。

ファミリア 代表取締役社長

岡崎忠彦

変化が早い時代こそ“オリジン”が大事

「やるからには、シンプルに原点に戻ろうと思いました」と、社長就任当時を振り返る岡崎さん。「子どもの可能性をクリエイトする企業」としての在り方を改めて構築する中で、18年9月に元町商店街から移転した神戸本店は、「ファミリア」の新たな志向を体現している。

店内には、子どもも大人もものづくりを体感できるアトリエや、初の試みとなるレストランやカフェ、クリニックなど、衣・食・住にわたってさまざまな情報を発信するコンテンツが随所に取り入れられている。「妊娠から2歳の誕生日までの1000日間に、世界で最高のサービス、コンテンツを持った会社にしたい。ショップは、それを実際に体感して、好きになってもらい、さまざまなコミュニティが生まれる場所」と岡崎さん。単に商品を売るだけではなく、かつてあった子育て文化の再構築を担う場でもある。さらには、プリスクールやキッズラボも開園。これまで培ってきたコンテンツを保育・教育分野へも広げている。

これまで、神戸で長年親しまれてきたベビー・子ども服の老舗のイメージから、一見すると大きく変貌したかに見える。だが、その軸はいささかも揺らいでいない。「さかのぼれば、4人のママ友が、当時ほとんど知られていなかった欧米の育児法を広めたのが、そもそもの始まり。それを現代的に解釈したのが今の形。変化が早い時代ですが、だからこそオリジンが大事。やっていることは同じですが、どんどん進化しているんです」。

近年は、さまざまな企業とアーティストを結び付け、神戸発のものづくりを提案する「神戸別品博覧会」を開催するなど、地元の活性化にも参画。新たな可能性をクリエイトする精神は、本業の枠に留まらない幅広い活動にも発揮されている。

おかざき ただひこ

1969年生まれ。甲南大学卒業後、97年からアメリカのカリフォルニアカレッジ・アーツオブクラフツに学び、「Tamotsu Yagi design」に入社。03年に帰国し、「ファミリア」入社。07年、取締役執行役員を経て、11年に社長に就任。

THE LADIES AND GENTLEMEN

神戸はカッコイイまちであってほしい

ファッションプロデューサー

高田恵太郎

高校時代にファッションに目覚めて以来、「神戸は特別なまち」という高田さん。VANが一世風靡した70年代、神戸で学生時代を過ごし、メイドインUSAのアイテムを求めて、足繁く高架下に通った。「大阪の下町出身やから、神戸はすごい洗練されてて、もう違う国。外国人も多くて新鮮だった」と当時を振り返る。その後、大阪・アメリカ村にあったVANに勤め、スポーツメーカーではコンバースのオリジナルウェアを開発するなど、関西ファッションシーンのど真ん中を歩んだが、それでも神戸の存在感は揺るぎなかった。その後、神戸ファッションマートプロジェクトで神戸に縁ができたのも、「いつか神戸に」の思いの強さゆえだったかもしれない。その時、手がけたイベントが、テレビ局の目に留まり、神戸コレクション誕生のきっかけとなった。「当時はスポーツや音楽の番組はあってもファッションはなかった。ショーは半年後のアイテムを出すのが基本やけど、テレビは反応がリアルタイム。なら番組といっしょにショーをして今の流行を見せようと思ったんです」。

神戸ギャルが注目された当時、読者モデルを起用し、初回から3000人の満員御礼。いまや1万2000人の規模に拡大。本人も「こんなに続くとは思わなかった」という。16年のロングランとはいえ時代は変わり流行も変わる。第1世代は子育ても落ち着き、再びおしゃれする場を求める声が増えた。現在は、そのママ世代に向けて「プレミアムナイト」を新たに開催し、次なる流れをつくっている。

やはりカッコいいまちには、おもしろい人と集う場があるもの。それでまちの吸引力もグッと上がる。「神戸は新しいものが起こるまちであってほしい」と高田さん。今は流行がマスでなく細分化しているからこそ、〝神戸発〟が生きるという。「地場産のものをすごく応援してる。今、播州織でオヤジ向けのシャツをつくろうとしていて。男性ももっとおしゃれを頑張ってほしいしね（笑）」。

たかだ けいたろう

1950年生まれ。甲南大学卒業後、VANヂャケット入社。同社倒産後、スポーツメーカーなどを経て、89年神戸ファッションマートプロジェクトに参加。02年に神戸コレクションをスタートし、ファッション企業等のアドバイザーとして活動。

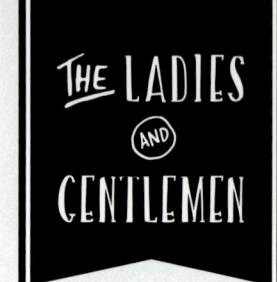

まだIT社会の夜明け前だった95年、インターネットの存在をいち早く知り、ほとんど未知の技術を先駆けて導入した永吉さん。HP制作に始まり、エンジニアの派遣、Webサイト開発と広がり、現在では最新のIoT、MR技術へと進出し、今や全国に知られるIT企業へ。

「僕はITのことはなにも知らなかったので、ある意味、素人だからこそ新しいことを提案できたんです」。震災復興とともに、多くの企業を見えないところで支えてきた、まさに縁の下の力持ちだ。

近年は、地域ICT推進協議会（通称COPLI）の立ち上げなど、まちの活性化にも積極的に関わる。中でも、若い世代の神戸への定着を支援しようと、2年前のGWに立ち上げたのが、「078《ゼロナナハチ》」と銘打ったイベントだ。そのきっかけとなったのが、アメリカ最大級のクロスメディアイベント「South by Southwest（SXSW）」。30年前、テキサス・ブルース発祥の地で音楽フェスから始まり、映画祭、ITスタートアップを巻き込んだ展示会が加わり、いまや30万人以上が集まる一大イベントとして注目を集めている。「初めて現地に行ったとき、人口15万の地方都市に、何でかすごい人が集まってる。それにショックを受けて。これを神戸でもやりたい！と思って」、持ち前の行動力を発揮し、自らコアパートナーとして協賛。ITと音楽と映画を中心にした多様なメディアを融合し、幅広い世代が参加できるイベントとして、2018年は7万人以上を動員した。それでも「僕がやっているのは〝最初を動かす〟。そこだけ」。自社の経営と同じく、仕組みづくりの巧みさとスピード感に加え、横のつながりが強い神戸の土地柄を生かしている。

来年はeスポーツやポップカルチャーも取り入れたいという永吉さん。実はキャリア40年のドラマーとして、今も毎月ステージに立つ。「『078』も、終演後、市内の各ライブハウスを回遊できたらおもしろい。テキサスみたいになったらって、思っています」。

クロスメディアのイベントで若者を神戸に！

神戸デジタル・ラボ 代表

永吉一郎

ながよし いちろう

1962年生まれ。広島大学卒業後、京セラ（株）を経て、91年、神戸で広告会社を経営する父親の急逝により、代表取締役に就任。1995年阪神・淡路大震災を経験し、震災時のITの役割に気づき同年神戸デジタル・ラボを創業。

THE LADIES AND GENTLEMEN

マキシン 代表取締役社長

渡邊百合

手づくりであることが帽子専業の誇りです

「子どものころから、神戸は楽しんで訪れる場所でした。ほかとは違うエスプリがあって。おしゃれで、外国人も今よりもっと多くて。神戸に行けばなにかを感じることができましたね」。父母ともに英・仏語に堪能、幼少時から外国人と接することも多かったという渡邊さん。長じて、通訳の仕事をする中で大阪万博の開催を知り、「今までにない世界規模の博覧会、自分も絶対何かしたい」と思い立ち、見事、少数精鋭のエスコートガイドに選抜。持ち前の語学力と神戸で培われた国際感覚を活かして、国内外にわたり各国要人へのPRやアテンドを経験した。

その万博会期中に、後のマキシン2代目社長となる浩康氏と婚約。92年に社長を継いでからも、そのエスコートガイドで培った経験を活かして社業に邁進。皇太子妃雅子妃殿下の帽子やアトランタオリンピック日本選手団の帽子も手がけた。「オリンピックの開会式は現地で見て、大観衆の中に帽子を被った選手団が現れたときの感激といったら！」と当時を懐かしむ。

店の帽子であれ、制帽であれ、マキシンの帽子は、なによりもかぶり心地のよさが第一。生地の見立てから、制作、デザインまで、今もすべてハンドメイドを貫く。「自らなにかに挑戦したいという職人をサポートしたい。世界で評価を得る職人も出てきました」。

創業から70余年、受け継がれてきたマキシンのエレガンスは、神戸に住む外国人に育てられ、自分らしさを求める神戸っ子の感覚に磨かれてきたもの。オーダーから制帽までハンドメイドで手がけ、自店で絶えず新作を出し続けている帽子専門店は日本でも稀有な存在。〝専業〟であり続ける重みを受け継ぎつつ、かつてと変わらぬマキシン（最高）なホスピタリティで、老舗ブランドを次代に伝えている。

わたなべ ゆり

1945年生まれ。日本万国博覧会協会エスコートガイド、札幌オリンピックコンパニオンリーダーなどを務め、70年にマキシン2代目社長・渡邊浩康氏と結婚、92年、浩康氏の急逝に伴いマキシン代表取締役社長に就任。

観光名所は〝すでにあるもの〟の中にあり

近畿タクシー 取締役社長

森崎清登

森崎さんがいつも懐に入れているのが、自社の看板車両・ロンドンタクシーのチョロQ。だれかに会うたび、挨拶代わりに走らせるのが定番の〝つかみ〟だ。いまやさまざまな観光タクシーを生み出す名物社長としておなじみだが、実はこのロンドンタクシーとの出合いに転機があった。入社後、長らく仕事の意義を見い出せなかった時期、ロンドンタクシーの存在を知り、「神戸のまちに合う！」と、当時の社長に導入を直談判。観光タクシーの先駆けとして注目を浴び、仕事に自信が持てるようになった。なにより、新しいことを始めたことで、多くの人とのつながりが広がった。「旧居留地を背景に、まち・人・クルマが三位一体になった写真を見て、がぜん、タクシーっていいなと思いましたね」。

震災後は、あちこちの市民の集まりに顔を出し、タクシーで復興の力になるべく奔走。中でも地元の商店街では、「長田区を観光のまちに」と言い続け、5年後に修学旅行を誘致。被災者との交流を盛り込み、他所にない震災の体験を伝えた。「この時の体験が、すでにある地域の名物を観光名所に変えるという発想の原点です」。

01年から、桜が満開の日だけ動くお花見タクシー、水着のまま家から海に行ける海のタクシー、ヒットとなったスイーツタクシーなど、次々と斬新な企画を生み出した。「全部すでにあるものをつなげただけ」とはいうものの、新たな企画をつくるたびに人や店のネットワークを広げ、それがまた次の企画につながる。いつしか近畿タクシーは、近畿〝タノシー〟となった。

森崎さんが手がける次なる観光タクシーは、その名も「水道タクシー」。目に見える形にしにくい〝仕事〟を観光化する、大人の社会見学ともいうべき新機軸だ。このまちで仕事したり、住んだりする楽しさを、いろんな生業《なりわい》から感じてもらう今までにないシリーズ。森崎さんの〝タノシー〟道のりはまだまだ続く。

もりさき きよと

1952年生まれ。大学卒業後、酒造メーカーを経て、86年に近畿タクシー入社。96年より代表取締役に就任。タクシーで地元の活性化を図るべく、数々のユニークな観光タクシーを企画。多くのメディアでも取り上げられ、全国から注目を集める。

芸術家

榎忠

紳士たるものやさしい視線に厳しさあり

美術関係者のだれもが尊敬する偉大な現代美術家は、ずっと神戸に居続けている。尊敬されるゆえんは、作品そのものはもちろんだが、なによりも束縛を嫌いどこにも属さず孤高の道を歩んでいる、もっとも芸術家らしいといえるその潔い姿にある。しかもだれと話すときも同じ微笑みの姿勢で変わることがない、カッコいい人なのだ。だからだれもがチューさん！と親しげに呼ぶ。忠さんはいつも自然体だ。そして奇才だ。

今や忠さんの代名詞となったかのような大砲作品は1970年代終盤に発表されたものだが、そのタイトルは「LSDF（Life Self Difense Force）」＝自分の生活は自分で守る、で、忠さんの根幹はここにある。若き絵描き時代に、絵画や彫刻といった既存の表現手段には収まりきらず、もっと自分らしい表現、社会や国家、地球といった大きな視点で見つめたうえでの、芸術家のあるべき姿をひたすら求め、自らの体を張っての表現に挑戦し続けた。

狭い美術界は困惑した。これは美術と見るべきものか。しかし、評価を気にすることなく自分の思うところに邁進。同質化されてしまう東京では決してできない、神戸というまちだからこそできたことかもしれない。

子どものころから、時代とともに環境が破壊されていくことの愚かさに憤っていた。人間としておかしくないか、という素朴な疑問が原動力。だから今の時代、便利になるのはありがたいことだけれど、反面、人のことを思わぬようになってしまってはいないか、というのが最大の懸念だと。

「芸術というのは人間が持っている不思議さを追い求めていくものやと思うてる。人間に対するメッセージやな。アホなことをやる人がいなくなっていくのも寂しいし、だれもいないのならそれは自分の役割かなぁ」。

こんなに厳しくやさしく誠実な人、神戸にいてくれて誇りに思う。

えのき ちゅう

1944年生まれ。16歳から現在に到るまで神戸在住。1968年に初個展「生成」を開催。1977年「ハンガリー国へハンガリ（半刈り）で行く」、1979年に「LSDF」を発表。2009年に神戸市文化賞を受賞する。

大人がうれしい、ちょうどいい店

神戸で飲むならワインバーから

高級感あふれすぎたり
あまりにもにぎやかすぎて落ち着かなかったり
ワインバーにもいろいろあるが、最近の神戸では
大人が過ごすのに〝ちょうどいい〟店が増えてきている。
肩ひじはらずに料理とワインを楽しめて、
ゆるやかに過ごせる大人な店がいい。

取材／原田麻衣子　撮影／沖本明・山口真一

2018年4月、加納町にオープンした「クラフト」。開放的な雰囲気が、老若男女を惹き寄せる。

神戸の新風は枠にはまらない

「神戸って、おもしろいワインバーが多くない?」。他府県の人からそう言われることが多い。神戸で生まれ育った私にとってはごく当たり前のように感じていたけれど、言われてみると確かにそうかも。そして冒頭のセリフ、決まって後に続くのは「なんか神戸っぽいね」。このまちのワインバーは、確かに大阪や京都とは少し違った個性がある(と、地元民もそこは認識している)。そして、ここ数年でグッと店の数が増えたことも事実だ。小さいけれど奥深きこのまちで、いま大人が行きたいワインバーってどんなところなんだろう?

扉を飾った「クラフト」は、2018年4月にオープン。店主の丸山純生さんは、32歳の若手シェフ。店のイメージは「厨房の中」。大きな冷蔵庫がキッチンの外にあったり、厨房側まで伸びた一枚板の大きなカウンターがあったりと、客とシェフの間を隔てるものがない。神戸生まれの丸山さんは、オリエンタルホテルの再オープンをはじめ、その後大阪、東京でも店舗の立ち上げを経験。「料理はあくまで全体の一部。空間やサービスも含めて、あたたかくて楽しめるお店を」と、数々の経験を集結させて自身の店を神戸に構えた。「料理スタイルにこだわりはありません。生産者の方々にきちんと目を向け、旬の食材を楽しめる料理と、それに合うお酒を提案したい」。ワイン一杯でも、お腹いっぱい料理を食べ

「おいしく食べるためのBGMにもこだわってます」と丸山さん。プレイリストには、懐かしのJ-POPがずらり。あえてジャズなどではなく、みんなの記憶に刻まれたなじみの音、そして会話のはずむ曲を。

(上)温泉タマゴとマッシュルームのサラダ1,000円。ワインはグラスで600円〜。(中)生ウニと海苔のクリームソース イカスミのフェットチーニ2,000円。(下)じっくりと焼いた岡山県備前黒牛ランプステーキ200g 3,600円。

craft(クラフト)
神戸市中央区加納町3-14-8
松田ビル1F
☎078·891·8012
17:30〜22:30 LO
月曜休&月1回火曜休
テーブル12席/カウンター8席

（上）ラズベリーとキャラメリゼナッツのヌガーグラッセ800円。ナッツ感のあるデザートワイン800円〜が好相性。（中）奥にはテーブル席もあり。（下）毎日手づくり、大好評の今日のカレー1,200円。この日はバターチキンカレー。

アンティークの小物や富山県の鋳物でできたランプシェードなど、こだわりが随所につまった店内。ちなみに店名はフランス語で"べっ甲"の意だそう。その輝きや透明感が店のイメージにぴったり。

Ecaille（エカイユ）
神戸市中央区下山手通2-16-8
新興ビル2F-B
☎078·321·0876
17:00〜23:00 月曜＆第3日曜休
テーブル2席／カウンター8席

ても、どんな使い方も大歓迎だ。
オープンから半年ほどだが、早くもファンが付き始めた。「東京にもなかったようなお店を、大好きな神戸に。地元の人におもしろいと思ってもらえたらうれしいです」。

大人だって、デザートワイン！

ワインバー界のニューフェイスといえば、2018年8月に登場した「エカイユ」もそうだ。美人姉妹が営むこちらは、姉でソムリエールの恵麻さんがセレクトするオセアニア中心のワインに、デザートワインを豊富にそろえる。食前のサクッと一杯から、妹の有香さんお手製のデセールと甘いデザートワインを食後に…と、気軽で幅広い楽しみ方が魅力の一つ。

ニュージーランドでワインを勉強してきた恵麻さん。そこで出合ったデザートワインの魅力に開眼し、「神戸でも広めたい！」との想いが募りに募って、開店にいたった。デザートと聞くと女性だけのもの？と思われがちだが、「男性もよく召し上がられていますよ」。ただ甘いだけではないワインの奥深い風味こそ、まさに大人の楽しみ。読者のダンディなオジサマ方、ぜひ安心して足を運んでみてくださいね。（飲みやすいからって酔わないようにご注意を！）

メニューには、豚のリエットや牛ホホ肉の赤ワイン煮込みといったフランスの伝統的な料理があり、お腹もしっかり満たすことができる。が、おもしろいのは日替わりのカレーや豚汁、肉吸いといった、まさかの〝おかんメニュー〟。「カレーは意外にも好評で、定番になりました。あとは、一人暮らしの方のためにもホッとできるものを用意したくて…こんなラインアップになりました(笑)」。ワインバーで汁物とはなかなか想像できないが、この自由度の高さこそ、イマドキのワインバーの形かも。

「神戸の人って、距離の取り方が上手ですよね」。近すぎず、遠すぎず。絶妙な距離感を持った紳士淑女が、今宵も各々にお酒を嗜んでいる。

カジュアルだけどクラシカルが好き

神戸の人が好むのは、折り目正しくちょっぴり背筋が伸びる店なのだろう。雰囲気がカジュアルだとしても、店の信念を感じて姿勢がよくなるような。はたまた、Tシャツではなくてシャツを着て行きたくなるような。クラシカルがしっかりと基盤にある店がこのまちでは長く続くということに、「神戸はコンサバ」と言われる理由が垣間見える気がする。

元町のワインショップ「ジェロボアム」によるワインバー「ヴェッキア・スプーニャ」や、「ホテルピエナ神戸」が運営する「クレイエール」も、まさしくそのような店だ。明るいうちから飲める前者では、40～50歳代の客が7割近くを占めるらしい。「ワインや料理で、というよりもむしろ、心の満足

Vecchia Spugna
(ヴェッキア・スプーニャ)
神戸市中央区下山手通3-4-10
小林ビル2F
078·332·6266
15:00～21:30 LO(日曜13:00～19:30 LO)
月曜＆第3火曜休
テーブル8席／カウンター6席

ジェロボアムの厳選されたワインとイタリアの滋味深いシンプルな郷土料理がそろう。(下左)篠山産のシカとキャベツのラグーソース フェットチーネ1,400円。隠し味に中国山椒を使い、飲ませるひと皿に。合わせたのは果実味たっぷりのネッビオーロ ヴァル・ディ・プレティ900円。「ベリー系のワインがパスタソースの旨みを引き立て、相乗効果でおいしくなります」。

秋冬から登場するおでんは、富山育ちのおかあさんらしく煮干しが効いた澄んだダシで。具材は150円～。生姜醤油で味わうのが人気。ワインはフランスのシャルドネ850円。

Vigne（ヴィーニュ）
神戸市中央区北長狭通7-1-27 ✆078·341·7858
17:30～23:00 日·祝休 カウンター14席

界隈で、若者からは父母のように慕われるやさしいお二人。一見さんもお気軽にどうぞ。

感を求めて来られる方が多いですね」と、店主の宗像貴典さん。遊び方を知っている神戸の大人たちの中でも、最近は母娘での来店も多いそうだ。後者の客層も、多くは50～60歳代。〝職人の顔が見える上質なワインバー〟というコンセプトに沿うような、多くのワインに触れてきた成熟した世代が集う。ソムリエの大森誠さんは、「少し割高になったとしても、グラスでいいものを少しずつ飲みたいという人が多いですね」。元々バー文化が根付くまちだからこそ、余裕のある楽しみ方ができる店が多いのかもしれない。

もちろん、人情味も神戸にはあります

西元町駅のほど近くにある「ヴィーニュ」は、神戸イチ人情味あるワインバーと言っても過言ではないかもしれない。酒屋が母体ゆえ、酒類は格安。冬場にはおかあさん特製のおでんも登場。三宮で話題のバー「アワとワインとシェリーとチーズ」やご近所の酒場「マメナカネ惣菜店」の女性店主らも足繁く通う、みんなのダイニング的存在。先日は上から下まで3回りほど歳が違う客がそろったそうだ。

阿波踊りにコスプレパーティなど、客も巻き込み遊ぶときにはとことん遊ぶ下町感にホッと和む。「常に自然体な店でありたいね。でもワインバーは増えていくから、私たちも進化していかないとね」。

神戸のワインバーは本当に幅が広い。

ワインバーながら、フランスの郷土料理がガッツリといただける。フランス産トリュフを贅沢に使った、秋冬限定の黒トリュフのオムレツ3,000円。グラスワイン1,200円～。

ワインセラーには500本ほどのワインを常備。珍しい1本も眠る。

Crayeres
（クレイエール）
神戸市中央区中山手通1-2-3
クレイエールビル4F
✆078·202·4196
18:00～翌2:00
日·祝休
テーブル8席／カウンター12席

使い勝手のいい秘密の小部屋へ

阪急三宮駅すぐのビル7階。ワイン&チーズショップ「ランス」も、神戸のワインバーを語るうえでは外せない一軒。外からはまったく店が見えないので、「こんなところに?」という意外性に心をくすぐられる。

こじんまりとした店内には、ショーケースにチーズ、ワインセラーにたくさんのワインが。そして奥にイスが数席並んでいる。

「遊んだ帰りに貴腐ワインとチーズを嗜んでスッと帰るような、カッコイイおじさまが多いです」とは、ソムリエの福田友一さん。そう、ここではワインやチーズを購入できるだけでなく、併設されたバーでそれらを味わうこともできるのだ。また、同ビル1階にあるビストロ「63」のメニュー(ガッツリ料理がおいしいんです)をデリバリーすることも可能。見た目から想像もできない使い勝手と自由度の高さに感服だ。

「みなさん、ビルの中にいいお店が隠れていることを知ってるんですよね」。確かにこのまちには雑居ビル内の名店は少なくない。コンパクトなまちだからこそ、一軒で自由な楽しみ方ができる店がうれしいし、だれもが自分だけの隠れ家を持っている。そして、広すぎず狭すぎないちょうどいい広さのまちだからこそ、人と人との距離感も絶妙なバランスなのかもしれないな、と思う。

神戸には新旧含め、魅力的すぎるワインバーがあちこちに。さて、今日はどの店から始めよう?

物腰やわらかで気さくな福田さんが一人で切り盛りする。ソムリエはもちろん、フランスチーズ鑑評騎士の称号も持つ豊富な知識で、ワインやチーズの深い話もたっぷりと聞かせてくれる。

チーズの3種盛り1,112円。グラスワインは926円〜。ソーテルヌとロックフォール(甘口貴腐ワインと青カビチーズ)1,000円など、気軽に注文できるペアリングメニューも。

Reims(ランス)
神戸市中央区北長狭通1-2-13
ニューリッチビル7F
078·327·8990
16:00〜23:00
月曜休
カウンター20席

街中から、ひと足伸ばして

かれんの今夜もつきあって！

「タイムトリップ神戸」メンバーであり、神戸のまちを夜な夜な徘徊する大久保かれんが、三宮や元町からちょっと離れた名店をご紹介！

取材／みやけなお

希少部位ゆえの裏メニュー、カイノミ1,600円（税込）をはじめ、みつせ鶏のせせりも、かれんさんイチ押し。

大久保かれん
神戸生まれの神戸育ち。幼少期をNYで過ごし、1992年、FM局でDJデビュー。FM COCOLOパーソナリティーを経て、現在はイベントMCのほか、ヨガインストラクターとして活躍中。

Let's hang out!

OJIKOEN

王子公園 【黒毛和牛焼肉さはら】

大人女子にうれしい健康志向の焼肉店

兵庫や九州産の黒毛和牛に、神戸ポーク、佐賀のみつせ鶏などを厳選仕入れ。一週間熟成させた無添加の自家製ダレは、果実味のある甘辛で「お腹いっぱい食べても罪悪感ナシ！」と、ヘビーユース。オーナー夫婦とは、中高時代から気心知れた旧知の仲だという。

昨今トレンドの赤身ブームも早々とキャッチ。明石や淡路島の新鮮魚介も加えつつ、すべての肉に添える野菜は、栄養素密度が高いクレソンという徹底した健康志向。神戸マダムやファミリーにも人気が高い。

撮影／平賀元

お酒のアテに最高
通称“キミちゃんの自家製キムチ”は、フルーティーで辛さ控えめ。スルメキムチも入った4種盛り。キムチ盛り合わせ680円（税込）。

シメはピリ辛“温麺”
冷麺もあるが、かれんさんの定番は温かいユッケジャンうどん950円（税込）。半生麺のモチモチ食感がクセになる。

神戸市灘区赤坂通5-3-11
078-802-8929
11:30〜14:00、17:00〜23:00
（日曜は夜のみ）月曜休
テーブル20席（最大25席）

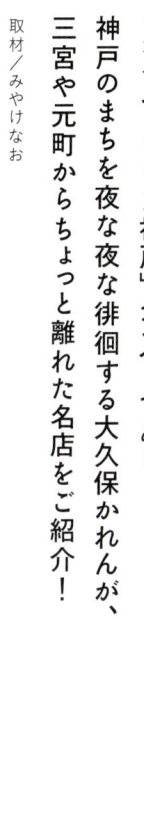

Let's hang out!

MIKAGE

御影【いく亭】

音に通じる料理のセンスに魅せられ、通い続けて25年

「ニョロさんとは音楽の話で盛り上がることも多いかな」。結婚してからは、夫婦そろって北本さんの料理のファン。

旨みがスゴイ！

歯ごたえのよい身はもちろん、貝の旨みを含んだ煮汁だけでもお酒が進みそう。福井産のバイ貝の旨煮。5個700円（税込）。

超限定の希少モノ

味わえるのは10月の解禁日から約1ヵ月のみ。北海道・厚岸の一部でしか生息しない生ししゃもの塩焼き。3尾700円（税込）。

絶対オーダーしたい

肉汁がギュッと凝縮されたハンバーグに、甘辛なソースが◎。玉子で味変も！ 手造り煮込みハンバーグ目玉焼きのせ1,000円（税込）。

出会いは震災前。「にぎやかな駅前から一本入っただけなのに、下町っぽい雰囲気もいいでしょ。連れてきてくれた友人より、私のほうが常連になってしまった」。そう話しながら、慣れた感じで迷わずカウンターに座る。かれんさんが「料理だけじゃなく、音楽のセンスも抜群！」と紹介してくれたのが、店主で料理人のニョロさんこと北本隆生氏。バブル期は、神戸の人気ディスコDJとして鳴らした人だ。

20代半ばで実母の店を受け継ぎ、曰く「僕の味付けは母の料理」。調理もほぼ我流というが、今年、惜しまれながら暖簾を下ろした名物屋台・串かつの「いくちゃん」が実父の店というだけあって、親譲りの目利きが光る。界隈のシェフも寄り合う地元のスーパー巡りで、食材の仕入れと情報交換も。感性は日々鋭く磨かれているようだ。

撮影／高嶋克郎

神戸市東灘区御影中町1-7-12
078·851·2808
18:00～23:00 LO 日曜休
テーブル10席／カウンター8席

Let's hang out!

NADA

灘

【お魚とお酒 たまいち 灘店】

ダシの染みたおでんと魚料理を目当てに一杯

ダイコンや手羽元、じゃこ天など全12種、一年中味わえるおでん1個100円〜。おでんダシのうどんも好評。

いいコンビなんです

18歳から料理一筋、洋食、鉄板、和食までこなす板前の花畑史明さん。隣はいつもにこやかな店長の木城麻衣さん。

塩加減もいい塩梅

日替わり＋季節に合わせて変わる献立が楽しみ。素材の味を生かした薄味仕立ても、かれんさん好み。丹波篠山の黒枝豆400円。

日替わりで10種以上！

取材日は大間のヨコワマグロ、愛媛のアコウ、明石の活タコなどを5種盛りで。季節のお造り盛り合わせ2人前1,800円。

阪神岩屋駅前で創業から35年続く本店に次いで、約13年前にオープン。鮮魚自慢は同じながら、灘店のメニューには淡路鶏や神戸近郊の無農薬野菜を使った一品、天然魚介ダシで煮込んだおでんも並ぶ。「灘でおいしい魚が食べたいとき、一番に思い浮かぶのがこちら。お刺身の種類が多くて、その日のおすすめから人数に合わせて少しずつチョイスできるのもいい」。料理もさることながら、かれんさんを惹きつけてやまないのが、日本酒へのこだわりだ。

兵庫県内の酒蔵を中心にセレクトした純米酒を、5度の雪冷えから55度の飛びきり燗まで、10段階お好みで湯煎。温度で変化する香りや味わいが楽しめるのも興味深い。料理人や店長と話がしやすいカウンターのネタケース前を特等席に、飲みつつ、しゃべりつつ…。かれんさんの夜は更けていく。

撮影／平賀元

神戸市灘区城内通5-4-13
☏078·201·2801
17:00〜23:30 LO 不定休
テーブル8席／カウンター6席／個室1室（〜6名）

Let's hang out!

SHIN-KOBE

新神戸

【そば切り 山親爺】

坂道の途中で ゆるく昼飲み、最高に幸せな時間

噛むほどに旨みを感じる太切り900円（税込）は、まるで蕎麦という名の刺身。そばつゆかたまり醤油、塩でも美味。

愛すべきご夫妻

「かわいいご夫婦も大好き！」。一枚板の大テーブル、丸太を切り出したイスなど、シンプルな店内も居心地がいい。

細切りも、ぜひ

薬味にねぎとカツオ節、辛味大根を添えた細切りのおろしそば1,000円（税込）。とろりとしたそば湯も、しみじみ旨い。

まずは絶品のアテから！

蕎麦以外に慶子さんお手製のおあて三種盛550円（税込）もおすすめ。この日は炒りゴマたっぷりの冷奴や、カブと干しエビの炊いたんなど。

訪れるときは、混み合う時間帯を避ける。「太切りのもりそばをアテに、好きなお猪口を選んで味わう日本酒や焼酎も楽しみの一つ。新神戸で暮らしていたころは、奥様の慶子さんを話し相手に、2時間くらいは長居してた」。〆に細切りのもりそばをいただいて帰るのが、かれんさんのいつものコースだ。

ご主人で蕎麦職人の山口正弘さんは、大阪の名店「蔦屋」で修業。「蕎麦は香りの食べ物」と、十割を基本に、オーダーが通ってからの湯がき立てで、そば粉も石臼の手挽きと機械挽きの2種があり、異なる風味や食感を味わえる。そばつゆは、関西で珍しくキリリと醤油の味が際立つ関東風。蕎麦の先をちょこっとつけて、一気にすすると蕎麦がふわっと香り立つ。

「大晦日の年越し蕎麦も必ずここへ」。かれんさんの一年を締めくくる幸せな空間でもある。

撮影／平賀元

神戸市中央区熊内町2-1-37
078·222·9299
11:30～18:30 LO（土日祝～16:30 LO）※売り切れ次第終了 火曜＆第2·3水曜休
テーブル18席

Let's hang out!
NINOMIYA

二宮【藤原】

ハシゴ酒の夜に早駆けで訪れたい居酒屋の名店

山椒をたっぷりかけていただく穴子肝煮500円（税込）。味は一流ながら、庶民的な価格がうれしい。いつも笑顔がすてきなおかあさんの手によるだし巻きも密かな名物。

やっぱり、この笑顔！

「今年、金婚式やねん」とうれしそうに話すおとうさんは御年78歳。昔から変わらず、気さくな会話で和ませてくれる。

やさしい味わい

しっとり滑らかな食感に、細切りのキクラゲがアクセント。ほんのり甘みのある上品な薄味のおから300円（税込）。

お酒が進む

神戸産のキクラゲは、歯ごたえがよく肉厚でぷるぷる。甘辛く炊いたニシンと相性も抜群。にしん煮600円（税込）。

店前で一旦立ち止まり「あ～煮物のいい香り！」と、半ば味わうように深呼吸。駆け出すような勢いで引き戸を開けると「お、かれんちゃん、いらっしゃい！」の声。かれんさんが親しみを込めて〝おとうさん〟と呼ぶ大将・藤原紘さんだ。神戸が誇る老舗居酒屋「金盃森井本店」で、15歳から40年働き、震災を機に55歳で独立した。

開店は午後4時と少し早めだが、仕込みを始めるのは毎朝8時半から。人気メニューは煮物だが、澄んだ煮汁がていねいな仕事ぶりをうかがわせる。さすが全国から酒好きが訪れる名店とあって、予約の電話もひっきりなしだ。「まずは刺身盛りと日本酒。次にカウンターに並んだ大鉢から2～3品。珍しい海藤花（明石蛸の玉子）も、本物の鯛の子の味も、ここで初めて知りました」と、かれんさん。長居は無粋、ご機嫌さんで次の店へ。

撮影／高嶋克郎

神戸市中央区二宮町1-6-5
☎078·242·3282
16:00～20:00 日·祝休
カウンター 13席

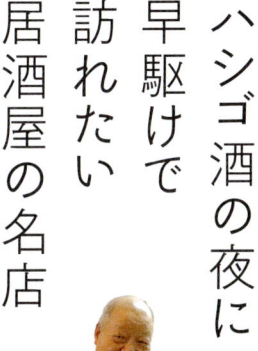

Let's hang out!
MINATOGAWA

湊川
【カフェ エルドミンゴ】

オラ！元気をくれるチアキちゃんと懐かしの味

チアキちゃんとオラ！かれんさんのお決まりコースは、コロナビールとハンバーガーで昼飲み。メニューはテイクアウトも可。

ボリューム満点

チアキさんの手づくりソース、チャパティオのほどよい酸味＆スパイスで、意外にペロリ。タコライスコンボ1,000円（税込）。

タコスもあるよ！

タコスはタコミンチやベジ、シュリンプなど5種から、好きな具材を選べる。タコスコンボ（2ピース）1,100円（税込）。

私的ソウルフード

12mmの鉄板で焼くパテは、牛多めの合挽き。老舗「大和家ベーカリー」の特注バンズも美味。ハンバーガーコンボ1,000円（税込）。

幼いころ、ニューヨークで育ったかれんさんにとって、思い出の味といえば、粗挽きミンチで肉感が強いアメリカンタイプのハンバーガー。かたや店主の佐藤知昭《ちあき》さんは「20代のころ、バックパッカーで旅をしていて、久々に食べた和食にホッとした。その気持ちを、日本在住の外国の方に味わってほしくて」。そんな思いで、ロサンゼルスでメキシカンのママから学んだ料理とアメリカンタイプのバーガーの店を開いた。「帰国してから、雑誌で見たチアキちゃんのハンバーガーがおいしそうで、食べたらコレだ〜！って」。口に入りきらない大きさのバーガーを、こぼれるレタスも醍醐味とばかり、豪快にガブリといく。

そんなかれんさんに、的を得たりと、満足そうな笑顔を向けるチアキさん。異国文化が花開く神戸で、日本人も外国人も幸せにする本場の味だ。

撮影／高嶋克郎

神戸市兵庫区荒田町1-5-4
☎078-578-3678
11:30〜16:30、18:00〜21:30
（水・日曜・祝日11:30〜17:00）
不定休
テーブル5席／カウンター3席

Let's hang out!
SUMA

須磨

【トリノトリコ】
ビストロ須磨

鶏へのこだわりが強すぎておいしすぎる

自家製のピクルスも美味なハモンセラーノとレバパテの盛り合わせ680円（税込）、グラスワイン500円（税込）〜。

いつもニコニコ

「同世代だけど、見守ってくれるような包容力を感じる」。かれんさんが料理の腕と人柄に信頼を寄せる、店長の川西美恵さん。

ハズせない一皿

軍鶏と掛け合わせで、濃い旨みと弾力ある肉質を堪能できる地鶏もも肉のタタキ 黒にんにく＆白にんにく680円（税込）。

珍味も召し上がれ！

「全部おすすめ！」と絶賛の焼鳥は一本120円（税込）〜（注文は3本以上）。塩ホルモンや、せぎもフォアグラソースのせなど、鮮度がよいからこその珍味も。

サップヨガのインストラクターとして、より海に近く、さらに神戸の西側へと、活動の軸足を移したかれんさん。新たな地元で気軽に立ち寄れる酒場を探していたとき、アンテナが反応したのがこちら。「一人でサクッと行くこともあれば、主人や仕事仲間と訪れるときも。焼鳥はもちろん、山芋の鉄板焼きやカレーもおいしい！ 料理に合うワインや地酒もあるから、バル使いできるんです」。店長のミエちゃんとも意気投合して、夏は毎週必ず通うほど、すっかりこの店の〝トリコ〟に。

主役の鶏は、餌や交配まで指定した平飼い育ちの鶏をはじめ、青森シャモロックなどのブランド地鶏を、いくつかの契約ファームから直送。白肝の刺身、希少部位のてっちゃんなど、鮮度に自信があるからこそのメニューをはじめ、ズリの漬けなど〝ひと手間系〟にも食指が動く。

撮影／高嶋克郎

神戸市須磨区須磨浦通4-3-14
078·733·0550
18:15〜深夜 不定休
テーブル4席／カウンター8席

オーダーは一本からOK。皮目をパリッと焼き上げ、七味とすだちを添えたさんまの肝ソース300円（税込）。

Let's hang out!

TARUMI

垂水

【串とワインOWL】

小皿に広がる小宇宙 フレンチ級の満足感を一串で

赤ワインが進む

舞茸ソースはミスジの筋で取ったダシがベース。煮込み料理のごとき奥深さ。シャロレー牛のみすじ 舞茸のソース480円（税込）。

チーズでコク旨

鶏ガラと香味野菜で取ったダシで煮込んだダイコンに、香ばしく焼き目をつけて。大根とクリームチーズ280円（税込）。

グラスで約10種も！

国にはこだわらず、品種を幅広くセレクト。一杯580円（税込）〜、スパークリング1種、赤5種、白4種をラインアップ。

かれんさん曰く「職人気質の寡黙なマスターがつくる、旬の食材を使った串が豊富。ワインのセレクトも個性的」。

その言葉通り、黒板に小さな文字でメニューがビッシリ（取材時は40種以上）、しかも一本120円〜というリーズナブルさ。シンプルに塩でいただく地鶏の串焼きもあるが、フォンで煮込んだり、下味にスパイスを効かせたり、ソースや盛り付けを凝らした創作串は、フレンチやイタリアンの一品を思わせるクオリティだ。「わざわざ来てもらうからには、感動してもらいたい」と、手間暇は惜しまないが、一人で切り盛りしているため「お話できる余裕がないというのが実情」と、店主の塩見鉄平さんは照れたように笑う。

食通の友人に紹介してもらって、通い始めたばかりというかれんさん。季節ごとに訪れたい店が、また一つ増えた。

撮影／平賀元

神戸市垂水区仲田1-1-9
☎078·709·0605
17:00〜24:00 不定休
カウンター8席

Let's hang out!
FUTATABISAN

再度山【はなれ家】

小説になりそうなご夫婦が待つ森のジャズ喫茶

店主の片岡学さんは、今も現役のジャズトランペッター。隣は元タカラジェンヌの朗らかな奥様・正子さん。

ジャズマンのBGM

ご主人の学さんは、日本のジャズ黎明期を語れる稀有な人物。壁に飾られたレコードやCD、写真も興味深い。

格別の味わい

オーダーを受けてから、一杯ずつていねいにドリップ。時候のいい季節は、紅葉の古木を眺めるテラス席も快適。コーヒー 400円（税込）。

秋の紅葉も壮観

瀬戸内海国立公園の中、春はしだれ桜、夏は新緑、冬の雪景色と、一年を通して美しい景観を満喫できる。

神戸・元町の北に位置する再度山は、神戸っ子にとって気軽にハイキングが楽しめる癒しのスポット。諏訪神社から、再度山に登るコースの途中に「はなれ家」はある。

開業は約8年前。大学時代の先輩のご両親がカフェを始めたと聞き、訪れたのが始まりだ。以来「緑が爽やかで、本当に気持ちいい。すてきなご夫婦との会話も、ほっこり和めるんです。元町駅から歩けば一時間ほど、車なら20分くらいかな。休日の軽いドライブにもちょうどいい」。

地下150mから汲み上げた山の水で淹れてくれるコーヒーは、フレッシュな香りとまろやかな風味、キレのある後味が体を覚醒させてくれる。ジャズマンのご主人が選ぶ音楽も、耳に心地よい。週末だけの営業で、日が暮れるころには終了。まさに夢のような時間が流れる、別天地の一軒だ。

撮影／高嶋克郎

神戸市中央区
神戸港地方再度谷118
✆078·371·3818
土日·祝の10:00ごろ～夕暮れ
テーブル8席／カウンター6席

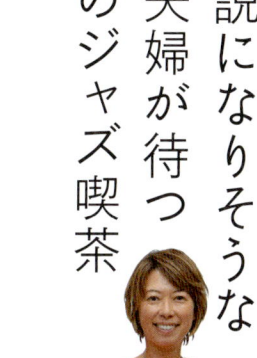

We serve you the best hand dripped COFFEE!
Let's have coffee after lunch and dinner!

バー、スタンド、居酒屋…飲み方自在

個性派ぞろいの神戸らしい酒場

神戸の夜を楽しむのなら、できれば、このまちらしい場所で過ごしたい。大人がゆるりと過ごせるとっておきの酒場。

取材／原田麻衣子

(右) カウンターで一人飲みもお気軽に。ゆったりとしたソファ席はカフェ全盛期を彷彿とさせる雰囲気だ。
(下) 窓際からはちょうどポートタワーの頭が見えて楽しい。

JEANA（ジーナ）

昼酒も締めの一杯も 景色をアテに駅近で

見よ、窓からのこの眺め。まちを一望できるこちらは、なんと元町駅徒歩1分の都会のオアシス。ナチュラルな趣は酒場というよりしゃれたカフェだが、イタリア中心のワインは赤白約20種を常備、ムール貝のフライや牛ハラミのステーキ…なんて、飲ませる皿ぞろいなのだ。

このポテンシャル、実は、鯉川筋で6年間続いた同名のワインバーが前身。でも、なぜカフェに？

「実はずっとカフェがやりたくて」。ホテル勤務でワインに目覚め、のちにバーを開いた店主の山﨑光さんだが、90年代から神戸を牽引してきた「Mother Moon」などカフェへの熱が冷め切らず、昼から楽しめるこの形態に挑戦することに。

店はカフェとバーのいいとこ取り。使い勝手のよさとおいしさの底力に加え、ビル8階の隠れ家感。かわいいふりして実力派、このまちらしい。

撮影／山口真一

(左) 炭焼きコーヒーでつくったほろ苦いゼリーの上に、ナッツのリキュール入りクリームを合わせた大人のデザート。カフェ・グラス700円。(右)牛ホホ肉の赤ワイン煮込み1,600円。ワインはグラス600円～。

神戸市中央区北長狭通3-3-5
泰隆ビル8F
☏078·332·2828
11:30～22:00
(ランチ～16:00、ディナー18:00～) 不定休
テーブル8席／カウンター13席／ソファ12席

撮影中、鯉川筋のビストロ「Bec」(P58)の岸本シェフが偶然来店。二人は同い年。

BRASSERIE L'OBABON（ブラッスリー・ロバボン）

路地裏にひっそりと佇むリトル・フランス

明るいうちからワインやコーヒーを求めて立ち寄る常連客に声をかけてはビズを交わすギャルソン。黒板には隙間なく書かれたメニューがびっしりと。「ほんまにここ、神戸なん?」と言いたくなるほど、フランスからブラッスリーをワープさせたかのような現地感が漂う。

店主の小場《おば》佐《さ》慎也さんは、生粋の神戸っ子。20代半ばで東京の飲食店へわたり、その後フランス全土一周へ。食文化やスタイル、あらゆるものに猛烈に惹かれた日々。本場の味を踏襲した伝統的な料理はもちろん、「パリ祭イベントやニースのカーニバル、ボージョレー解禁パーティーにノエルと、イベントもたくさんやってます」と、文化的なものもここから発信する。

異国情緒あるこの港町の片隅で、フランスに旅をしよう。

撮影／山口真一

(上)店はメイン通りから外れた静かな路地に。「一目でここにしようと決めた」と小場佐さん。メニューも現地風。(右)シャルキュトリーの盛り合わせ1,650円、前菜盛り合わせ1,450円。グラスワイン550円〜。

神戸市中央区元町通1-4-12 MISXビル103
✆078·381·6469
12:00〜23:00
(ランチ〜15:00、ディナー18:00〜) 火曜休
テーブル34席／カウンター5席／テラス4席

凛とした佇まいの店主。某テーマパークで長く働いていたという異色の経歴の持ち主。

BAR あじさい通り

やさしさに包まれた喧騒のエアポケット

注意して歩かねば通り過ぎてしまいそうな真っ黒な外観。飲食店が密集したにぎやかなエリアに、別世界のような落ち着きのある趣のバー。

店名のレトロさもありこの場所で長いのかと思いきや、実はまだオープン2年。「ふらりと入って来られる50代以上の男性が多いですよ」。その笑顔に、もう心奪われそうで…。

暗くて怪しい(?)雰囲気に最初は驚くかもしれないが、やわらかな物腰の女性バーテンダー・北森楠直子《なおこ》さんの穏やかな口調に心ほどけ、居心地極上。不思議な魔法だ。

撮影／沖本明

チャームには、運がよければ近所で寿司屋を営むお父様の巻き寿司が登場する。「お寿司やお刺身にも合う」というインバーハウスのハイボール700円と合わせて。

神戸市中央区北長狭通2-9-5 ☏078-325-1431
17:00～翌1:00 不定休
ショット700円～、チャージ500円 テーブル2席／カウンター9席

(上) マスターの片山幸彦さん。取材時は平尾さんの命日付近だったこともあり、愛おしそうに思い出を語ってくれた。(左下) キューバシガーは約10種類1,000円～。(右下) 平尾さんの写真やユニフォームが飾られた店内。

MY-BAR（マイバー）

Mr.ラグビーと生きるシガーバーの名店

煙が世の中から追いやられつつある昨今。1987年のオープン当初から変わらず、シガーをくゆらせる楽しみを存分に味わえる粋なバー。

2016年にこの世を去ったラグビー界の司令塔・平尾誠二さんが、29年間通い詰めていた店としても有名。「少しずつ仲よくなっていこな」。そこからいつしか四半世紀と通う長年のファンも少なくない。

「昼間働いてるねんから、夜はボーッとしたらええねん」。マスターの何気ないひと言はまさにバーの真髄。今宵も客が一日を締めくくりにやって来る。

撮影／沖本明

神戸市中央区下山手通2-17-10
☏078-333-8870
19:00～翌2:00 日・祝休
ショット1,000円～、オードブル1,000円
チャージ200円
テーブル8席／カウンター8席

音楽関係の仕事もしていたという店長。酒はもちろん音のセレクトも間違いなしだ。

スタンドclassic（クラシック）

立ち込める色気 まさに大人のスタンド

阪急三宮駅西口の高架下、扉を開くと階段の上からあふれる喧噪が。昭和、いやどこか大正ロマンすら漂うレトロな店内。巨大なスピーカーから流れる魅惑の音もごちそうだ。クラシカルな店内、ちょっと値が張りそうな気もするが、2階の蔵から選べる日本酒は190円〜、ハイボール350円と良心すぎる価格に驚く。

「県外の方からは〃神戸らしい〃って言われますね」と店長の石本健さん。高架下に広がる意外なる艶っぽい雰囲気がそう思わせるのか。ともかく、まずは行ってみて確かめて欲しい。飲み助の手札になるはずだ。

撮影／沖本明

（左）ゴーヤピクルス380円やあん肝ポン酢480円などアテも豊富に。（中）大ぶりの寿司はサーモン、ぶり各190円、うなぎ290円などお手ごろ。（右）2階には約150種の日本酒が。

神戸市中央区北長狭通1-31-33 ☎078･332･7789
17:00〜24:00 無休 スタンディング約45名

昼間はゴールキーパーとしての顔も持つ店主は、現役で今もさまざまな大会で活躍中。

「うちに来たらテキーラ飲む人が多いですね」。オルメカのショット700円。添えてあるオレンジと共にたまにはグイッとどうぞ。

Bar Dorago（バー・ドラゴ）

早朝まで熱気が冷めない 三宮の守護神的バー

情熱の赤に染まった店内。昼間はサッカーに精を出す店主の東馬場隆さんが営む今年で19年目を迎えるバーだ。

サッカーグッズが並ぶ店内は、ときにはスポーツバーのような盛り上がり。いつかイニエスタが来たときのために、と「イニエスタワイン」も常備。もちろん、サッカー好きでなくともエネルギッシュな店主が熱く迎えてくれるのでご安心を。

界隈では珍しく、早朝までの営業。終電を逃した飲み助たちや同業者の止まり木としても心強く、夜が早くなった神戸を前線で盛り上げ続ける。

撮影／沖本明

神戸市中央区中山手通1-1-2
西田ビル1階北
☎078･391･0710
20:00〜早朝 日曜休
ショット700円〜、チャージ200円
カウンター 8席

(左)樽替わりの国産クラフトビールは4種。(S)500円、(L)700円(税込)。(右)国産クラフトジンも豊富に。鹿児島のAKAYANEから、ユズや山椒が入った春と大葉やキュウリが香る夏。各グラス800円(税込)。

カウンターに立つ橋本さんのおかげで、常連さんから初めましての方までこの笑顔! 取材後も「飲んで行ったら?」と輪の中に寄せてもらった。

Minato Hütte(ミナト・ヒュッテ)

ゲストハウス併設の人情味あふれる新酒場

ミナト(港)ヒュッテ(山小屋)。海好きと山好きの夫婦が営むゲストハウスに併設されたバーがちょっと穴場な二宮に。

「遠方からのゲストと地元の人が交流できる場になれば」。カウンターを囲むのは旅や仕事でこのまちに来た人と、まちで遊ぶ神戸っ子。互いの故郷のよさを語り合ったり、オススメの店を教えあったりという楽しい化学反応が起こるのが日常茶飯事。

互いの生き方に興味を持つメンバーが自然と集まるからこそ、年齢層も幅広く。20代の女性と60代のジェントルマンが自然と隣り合って酒を酌み交わすこともいつもの光景だ。

だけどこの雰囲気をつくり上げているのは、〝おじい〟こと橋本健寿さんと、〝女将〟と呼ばれる裕紀さんの懐深いもてなしの心があってこそ。今っぽい雰囲気の中にも温かな心配りが光る、神戸酒場の新定番だ。

撮影/沖本明

神戸市中央区二宮町4-6-3 ✆078·219·3302
17:00〜24:00 無休
テーブル6席/カウンター8席

自ら信楽や京都に買い付けに行くという、棚に並んだかわいらしいうつわも女性に人気。

酒食 しもかわ

良酒&良肴の ニューエイジ女将店

2017年2月にオープンして以来、まちののんべえや同業者らの心をギュッとつかんで離さない、小さなカジュアル割烹がある。

　店を一人で切り盛りするのは下川真奈美さん。満席のカウンターの中をムダのない動きで行き来しては、テンポよいトークが炸裂する。お一人さまには小さなポーションで提供したり、「あったまってね～」と締めに味噌汁を出したり。ご覧の通りのかわいい女性なのだが、この気配りはもはやおかんの風格。若い女性から背広姿のオジサマまで、一人客の多さにも納得だ。

　季節を感じる和の皿は、仕入れに応じて日替わりで。取材時はサンマの塩焼きや大ぶりのシエル牡蠣などもそろい、新鮮な魚介を生かしたメニューが魅力。一番ダシのみを使うなど、下処理に手をかけたきちんとおいしいひと皿が手ごろにいただける、界隈きっての実力派だ。

撮影／沖本明

神戸市中央区中山手通1-9-14
マロンビル2F
☎078·335·6669
18:00～23:30 日·祝休
テーブル4席／カウンター7席

(上から3枚目) ふっくらと焼き上げた北海道·秋鮭の塩焼き680円。(下) 旨みがじゅんわり染みたサンマときのこの炊き込みごはん380円は、帰り際おにぎりにしてくれた。味噌汁100円。この日の日本酒のオススメは、香川県の特別純米·川鶴など。日本酒はグラスで480円～。

Bar Rochas（バー・ロシャス）

心にゆとりを生む 大人のオアシス

東門の喧騒と打って変わった、クリーンな上質さ。ウッディで奥行きのある広い店内の奥には半個室のソファ席もあり、窓からは生田さんのこんもりとした神聖な木々が迫る。

「ゆとりを大切にしています」とは店主の川﨑英生さん。それは空間もそうだが、ほどよい距離感を保ちつつの真摯な接客もしかり。「どんな理由でもいい。『ここに来てよかった』と思っていただければ…」。その一心で、たとえばイチオシのモヒートは、そのメッカであるキューバまで飛んで現地を見に行ったほど。熱いハートが、美しい所作から見え隠れする。

撮影／沖本明

ゆったりくつろげる広いカウンター。壁にはキューバの英雄、チェ・ゲバラが。

（中）爽やかなミントの香りがたまらないモヒート1,500円は通年楽しめる。ミントを潰すペストルまで現地キューバで購入。（右）生田神社の緑がしっかり楽しめるソファ席は、夜風も心地よい特等席。

神戸市中央区下山手通1-3-5 康新ビル4F
078·392·1122 20:00～翌3:00 月曜休
ショット800円～、チャージ500円 カウンター15席／ソファ8席

（上）クラフトビールは淡路のあわぢびーる、二宮「IN THA DOOR BREWING」の春日野ホップなど。（右下）選べる4種のビールとデリがセットになった飲み比べセット1,800円。

GARDEN by Mother Moon（ガーデン・バイ・マザームーン）

あの名カフェの社長が 地元で原点回帰！

90年代に神戸のカフェブームを牽引し、今なお人気の「Mother Moon」の代表・木村良介さんが、地元・西元町をもっと盛り上げたいと、自らが立つ店をオープン。アイデアを詰め込み、DIYで仕上げた遊び心とセンスにあふれた店内。「テラスもつくるねん」と店づくりは現在も進行中。

メインとなるのは7種のクラフトビールとアテ。ランチにはセルフで盛り放題のカレーも。「ほぼみんなビール飲んで帰るね。近所の人がゆる～り遊びに来てくれたら」。昼飲みに帰りの一杯に。西エリアに、頼もしすぎる新星が誕生した。

撮影／沖本明

神戸市中央区北長狭通7-2-24
078·341·1555
11:30～14:30、18:00～23:00 火曜休
1階テーブル10席／カウンター6席
2階テーブル20席

Roberta, inc.（神戸ロバアタ商會）

一時休業を経て復活 名物音バー

神戸でグッドミュージックなら迷わずこの店。昭和歌謡から海外の懐かしの名曲まで、ジャンルレスに流れる音楽。「ちょうど、こんなん聴きたかってん」が見事に流れる不思議に、店内にグルーヴが生まれ、心地よく満たされる。「お客さんの雰囲気を見て流してます」と店主のケンスケさんはいとも簡単そうに答えてくれた。

ビルの建て替えのため、約半年間休業。2017年11月に再開した。敷地は減少、内装もイチからつくり直しだったそうだが、「カウンターや扉を新調しても、以前の雰囲気の再現にこだわりたくて」。お客さんが見てきた景色を変えたくないとの思いからのリスタート。ロバアタがこんなに愛される理由は、しみじみ客思いの店主の愛情が音楽と共に充満しているからなのだろう。

撮影／沖本明

リニューアル後は店のレイアウトもガラリと変更したものの、以前と変わらぬ居心地のよさ。扉の向こうにカウンターが見えるようになったせいか、「新しく来てくださるお客さんも増えました」とケンスケさん。比較的席が空いていたら、ぜひ音楽のリクエストもお願いしてみよう。ハイボール700円。

神戸市中央区中山手通2-12-7 シャーメゾン清漣101
☎078·251·6819 19:00～真夜中
第1·3·5日曜休（第3日曜は翌月曜も休）
ハイボール700円～、チャージ600円
カウンター8席／ボックス5席

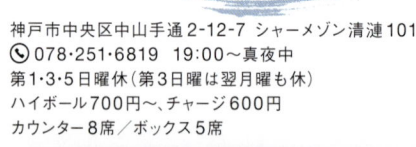

CATCH YOUR DREAM

IN KOBE

この人が思い描く夢と希望の神戸

神戸を主な活動の場として、また神戸という都市を主題としてさまざまな活動を行う方々にうかがいました。「あなたの夢はなんですか?!」希望に満ちた神戸の未来への希望や課題を描きます。

取材／藤原武志　写真素材提供／PIXTA

DAISUKE'S **DREAM**

まち全体でスポーツを楽しむ「KOBEスタイル」を世界へ

2019年9月、いよいよラグビーワールドカップが日本で開催されます。神戸（御崎公園球技場）には日本と戦うアイルランドやスコットランド、さらにイングランドや南アフリカといった強豪がやってきます。これは、神戸発のスポーツの楽しみ方「KOBEスタイル」をつくるチャンスだと思うんです！

ラグビーはお客さんもゲームの主人公。敵味方関係なくいいプレーには声援を送って、試合そのものを楽しみます。選手たちと一体となって一つの作品をつくりあげていくものなんです。

前回のワールドカップでは日本が南アフリカに歴史的勝利を挙げたゲームをスタンドで観戦していました。勝利の瞬間、僕のまわりにいた南アフリカの人たちは「すばらしいゲームだった、おめでとう」って声をかけてくれたんですよ。これぞラグビーだと感じました。こういうスタイルって、外国の人たちとともに暮らしてきた神戸に合うと思うんです。

ラグビーはスタジアムだけでなく、パブなど、街中でも盛り上がります。これも神戸にぴったり。そうしてまち全体でスポーツを楽しむのが僕の考える「KOBEスタイル」。オリンピックやワールドマスターズゲームズなど、その後のスポーツイベントも見すえて、ぜひラグビーワールドカップでこのスタイルをつくりあげ、世界に発信しましょう！

大畑大介

元ラグビー日本代表、ラグビーW杯2019アンバサダー、東京五輪・パラリンピック競技大会組織委員会アスリート委員会委員。大阪生まれ。神戸製鋼、日本代表のトライゲッターとして数々の記録を樹立。2016年にはアジアで2人目の「ラグビー殿堂」に選出される。

神戸製鋼コベルコスティーラーズのWTB（ウイング、TBはスリークォーターバックスの略）として縦横無尽に駆けた現役時代。

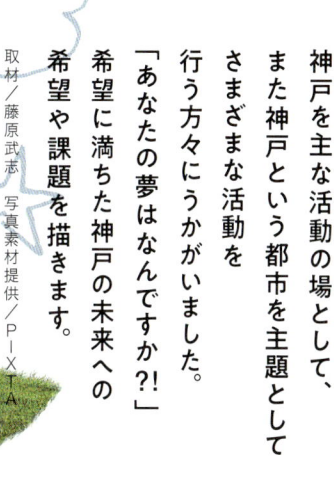

KAYOKO'S DREAM

豊かな出会いのあった神戸から 新たな出会いのローマへ

パーティが大好きです。小学生のときからですから筋金入りでしょう（笑）。食を満喫して、音楽に酔いしれて、話に花が咲く。驚きもあったりする非日常の世界。人に喜んでもらうのが好きなんでしょうか。

ただ楽しいから好きというわけではありません。いろんな才能をもった人たちのフレッシュな意見を聞けるのがうれしい。ものの見方が変わったり、勉強にもなりますし、自分がすべきことへの近道にもなるんです。

そんな想いから店名を「マダムキキのお店」と名付けました。エコール・ド・パリの時代、モンパルナスの女王とうたわれたアリス・プランの通称です。彼女のように多彩な人たちが集まる場になればという願いを込めました。県庁前でスタートしてから約10年。場所は新神戸、北野と移っていきましたが、その間、ほんとにたくさんの方との交流があって、ここまでやって来られたのだと思います。現代美術家の名和晃平さんに設計してもらって、パティシエールの金井聡美さんと知り合って、スイーツのコラボが生まれて…、ほかにもたくさん！

そんななか、いつかはヨーロッパでやってみたいって思っていました。でもまだ早い、もっと成長してからだってタイミングを待っていたんです。

そして今。気づいたらローマにいます。日本のお菓子とお茶をイタリアで広めるというプロジェクトを始動しました。でもこれがゴールではありません。まだまだ文化の渦をつくっていきたいです。

KIKIの代名詞となった金井聡美さんとのコラボレーション「MON CHOCO モンショコ」、パッケージの絵は松本尚さん。

徳本賀世子

フードディレクター、「Mme KIKI マダムキキのお店」主宰。大分県別府市生まれ、神戸育ち。artとsweetsをテーマにした商品プロデュースなど、多彩な事業を展開。2018年7月からは拠点をイタリア・ローマに移し、日本製菓・茶の製造卸・ケータリング会社「DORAYAKI」を設立。

CATCH YOUR DREAM

IN KOBE

この人が思い描く**夢と希望の神戸**

TOMOKO'S **DREAM**

答えが出ないから撮り続ける夢は自分の美術館

私のセルフポートレート作品は、内面と外見の間にある関係性ってなんなんだろうな、っていうのが大きなテーマになっています。15年ほど前だったでしょうか。結局"答えはない"というのが答えだってわかったんですよ。でもそんなふうに考えていて、解決してないことってたくさんありますよね。モヤモヤするじゃないですか。そのモヤモヤを作品にしようとすると、つくる過程でまた考えることができるんです。展示すると作品を見た人がまた考えてくれる。それでも答えは出ないんですけど、それがすごく楽しいんです。

ニューヨークに住んでいたときに、日本人と思われないことがよくありました。韓国語や中国語で話されたり。日本人の友だちといても私だけ英語で話しかけられたり。それで人はどこを見て、国籍を決めるのかなって考え出したんです。それを放置できなくって作品にしたのが『FACIAL SIGNATURE』(※1)。そんな素直な疑問を基礎にして作品をつくっています。

これからテーマは変わるかもしれないけど、作品はつくり続けていきたいです。広告写真も撮ってみたいし、絵本や新書にも取り組んでいるし、もっとポートフォリオレビュー(※2)も増やしたいです。そして、いつの日か自分の美術館ができたらいいなあ。自分がいなくなった後もたくさんの人に作品を見てもらえるって幸せですもん。場所はやっぱり神戸ですよね。神戸には尊敬する横尾忠則さんの美術館があるからその近くに。『澤田知子美術館』が私の夢です。

「BLOOM」©TOMOKO SAWADA
Courtesy of MEM

(※1)
2015年、髪型やメイクを変え、300人の東アジアの人々に変装したセルフポートレート作品。

(※2)
プロの写真家がアマチュアのポートフォリオを見て、講評・アドバイスする。

澤田知子

写真家。成安造形大学客員教授。神戸生まれ。『ID400』で2000年度キヤノン写真新世紀特別賞、2004年には木村伊兵衛写真賞、NY国際写真センターのThe Twentieth Annual ICP Infinity Award for Young Photographerなどを受賞。世界各国で展覧会を行う。

劇的に社会が変わろうとしています。僕の学校では、シンギュラリティ（AIなどの進化で社会の前提が変わる特異点）が起こるものとして教育改革中です。そこで大事なのは実験。これから起きる社会変化は正解がわかりませんから。

さまざまな分野のクリエイターや学生と一緒に、音楽についての実験も行っています。神戸の音を探すための実証実験として市民にいろんな音楽をぶつけてみたりもしました。「078《ゼロナナハチ》」というイベントは、音楽だけでなく、映像やIT、食やファッションなど多彩な世界がクロスするイベントに発展しようとしています。コンセプトは「実験都市」。そこには経済よりも〝生活の質〟に目を向けたいという想いがあるんです。

SOJI'S **DREAM**

新しい価値観の時代にめざす〝神戸って音がいい〟

音楽なら〝音質〟です。だからイベントではアーティストはもちろんですが、音のデザインやエンジニアリングにもこだわっています。昨年の「078」で「みなとのもり公園」を会場にテクノのライブを開催しました。ステージ前方では若者が踊り、真ん中には子ども連れの人たちがいて、奥では年配の方が芝生でのんびり。良質な音ならテクノでも世代問わず楽しめることが実証できました。しかもまっすぐ音が抜けるようにデザインすることで、近隣からの苦情もなかったんです。

こうした音の質やデザインの向上は音楽に限りません。足音や風の音といった街中の音も心地いいものにできます。「神戸って音がいい」。そんなふうになればいいなと思うんです。

2017年 078 @みなとのもり公園
SUDO（神戸、ベルリンを拠点に活動中）ライブ

福岡壯治

神戸電子専門学校長。神戸生まれ。元ゲームソフト開発技術者、神戸ホワイトディナー実行委員長、078実行委員。神戸市創造会議委員として東遊園地芝生化を実現。DJとして西麻布「SPACE LAB YELLOW」のメインゲストやアメリカ・ネバダ州「Burning Man」への出演も果たす。

MIO'S **DREAM**

神戸の小関ミオとして フランスの風を吹かせます

小学生のころから愛するまちがフランス・パリ。映画や音楽から感じるまちの情景や言葉のリズム、人々のたたずまいが心に染み入り、勇気をもらってきました。大人になって音楽の道に進んでからは、フランス語を自分の音楽に取り入れようとパリで暮らし、カジノやバーで歌いました。

帰国して東京で活動していた私に、もう一つ愛するまちができました。音楽イベントのお誘いを受けて降り立った神戸のまちは、キラキラしていてどこかパリに似ていました。そのころの私は、自分の殻をやぶりたくて、何か思いっきりやってみたかったんだと思います。一つのイベントのために訪れただけなのに、このまちでやってみようと決めたんです。

それから神戸の路地裏のお店をめぐり、兵庫県内をくまなくまわり、歌いまくりました。そのうちに、神戸のブランドさんとコラボさせていただけるようになったり、たくさんの人が応援してくれた。神戸にいることがアイデンティティになりました。

これからは神戸の小関ミオとしての発信です。2018年には47都道府県をすべてまわりました。音楽以外にも、私が編集長を務める『ENVIE《アンビー》ジャーナル』を発行しています。「路地裏」「フランス」をテーマにした神戸発の情報誌。2018年12月で第3号になります。この誌面からは、私の愛する二つのまちをつなげたいと思っています。神戸にリトルパリのような一角が生まれたらいいな。そこで音楽を届けていきたい!

小関ミオ

シンガーソングライター。千葉県浦安生まれ。ENVIE名義で詞曲提供も手がける。2016年末から神戸に拠点を移し、翌年兵庫県内118会場ツアーを敢行。2018年からは日本の全791市をめぐる20年構想のライブツアーをスタートさせる一方、日仏文化交流のための雑誌を発刊するなど多彩な表現活動を行っている。

MAYUMI'S **DREAM**

私の好きな新開地
まちの風情を変わらぬ形で残したい！

中学生になるまで新開地で暮らしていました。それから北区に引っ越したんですけど、おばあちゃんの家はずっと新開地にあって。その家が2013年に始めたゲストハウス「ユメノマド」です。

小さいころは、親に「あっちには行ったらアカン」って言われるところがあったりして（笑）、でもそれが日常で、特別に愛着があるわけではなかったんです。新開地を離れてみて、自分にとって居心地のいい場所なんだなって気づきました。それがだんだんと、お店が減ったりして空気が変わってしまいそうでした。

ユメノマドを始めたのは、昔ながらの新開地のなかで生活したいから。ゲストハウスならその建物とまちがつくってきた空気を残すことができる。それに宿泊客がまちを歩くことで、気配が生まれる。そうすれば変わってしまいそうな空気も残る！だからなんです。2015年にはユメノマドのすぐ近くにゲストハウス「なかむら」を開きました。もともと日本料理店だったんですけど、後を継ぐ人がいなくって。ほかの買い手が付きそうだったんですけどね、「この建物をなくしたらアカン！」って急いで契約しました（笑）。

ユメノマドを始める前、仕事を辞めて半年ほどニューヨークで暮らしました。いろんな出会いや学びがあって、ユメノマドやなかむらにも生かされていたりします。一度住んでみたいなと思っていたんです、ニューヨーク。でも暮らしていてふと思ったんですよ。「ああ、早く新開地に帰りたい」って。

新開地ならではの民家を生かした居心地のよさ。

三上真由美

神戸・新開地のゲストハウス「ユメノマド（HOSTEL YUME-NOMAD）」「なかむら（HOSTEL NAKAMURA Kobe）」オーナー。神戸生まれ。美容会社に15年勤務した後、2013年「ユメノマド」をオープン。2015年に2軒目となる「なかむら」を開く。

CATCH YOUR DREAM

IN KOBE

この人が思い描く**夢と希望の神戸**

2018年COMING KOBE＠みなとのもり公園

YUTAKA'S **DREAM**

起きたことを糧に前を向き、魂ふるわせたんねん！

「COMING《カミング》 KOBE《コウベ》」は阪神・淡路大震災を語り継ぎ、震災から一人でも多くの人に気づきのきっかけをつくってもらうためのチャリティーフェスです。2005年から毎年開催しています。

震災のとき僕は中3で、北区の鈴蘭台に住んでいました。だけど当時は、深く考えることはありませんでした。ロック、それもバンドのかっこよさに魅了されていましたね。わずか3分ほどの曲で、人を泣かせたり熱くさせたり、魂をふるわせることができるんですから。

自分も魂ふるわせたんねんと思って高校でバンドを組んで、20歳のころにツアーで東京に行ったんです。そのとき、いろんな人に震災のことを心配されました。それで初めて自分のまち・神戸のこと、震災のことを意識するようになりました。でもね、復興の集いなんかに参加しても年配の方ばかりなんですよ。で、ちょうどそのころ、神戸で行われていたロックフェスが大阪に移ってしまったこともあって、フェスの形なら若い子も集まるし、自分がするべきことなんじゃないかって考えるようになって。

2016年に自分ががんであることがわかりました。かなり進行していて「余命2年」と。そのとき思いました。なってしまったことは仕方がないじゃないか、それを糧に前に進むしかないじゃないかって。「COMING KOBE」も同じなんです。起きてしまったことをきっかけにして前に進むんです。僕はそのことを伝えるために、いまも「魂ふるわせたんねん」って思って、歩んでいます。

松原 裕

音楽プロデューサー。神戸生まれ。ライブハウスの運営などと並行して2005年にチャリティーフェスティバル「GOING KOBE（現COMING KOBE）」を開催。現在、腎細胞がんと闘いながら株式会社パインフィールズ、ライブハウス「太陽と虎」などの代表を務める。

タイムトリップ

神戸 NOW

主　宰　大久保かれん
編集人　松本浩嗣

編　集　蔵均(CRAQUE)
荒井徳行
加藤裕子
楢崎寛

天野準子
藤原武志

デザイン　北野ちあき(elephant graphics)

2018年12月10日発行

発行人　吉村一男

発　行　神戸新聞総合出版センター
〒650-0044
神戸市中央区東川崎町1-5-7 神戸情報文化ビル9F
TEL 078･362･7140　FAX 078･361･7552

編集・企画　タイムトリップ神戸 プロジェクト実行委員会
〒650-0031
神戸市中央区東町113番地 大神ビル706号室
(株式会社ラディカル・パッチワークス内)
TEL 078･381･6782　FAX 078･381･6783
timetripkobe@gmail.com

印　刷　株式会社 神戸新聞総合印刷

Printed in Japan
ISBN978-4-343-01014-8

※本誌掲載データは2018年11月現在のものです。
※掲載の価格は2018年11月現在の税抜き価格を基本としています。(一部税込表記あり)消費税率の引き上げ等により変更になる場合がありますのでご注意ください。
※本誌掲載の飲食店の営業時間はオーダーストップ(LO)を表記していますが、表記をしていない場合も閉店時間より前にオーダーストップしている場合や変更もあります。また定休日は定期的な休みを記載し、繁忙期や盆・年末年始などは変更になる場合があります。
※掲載している商品やメニューの内容は時期や状況などにより、ない場合や変更になる場合があります。事前にご確認のうえお出かけになることをお勧めします。

[後記]

10代からずっとまちで楽しんだのに、最近はあまりまちに出かけなくなった。そんな声をよく耳にします。まちに出れば新しい情報が入る、すてきな出会いがある。ワクワクする気持ちで出かけてたあの気持ちを取り戻したい。神戸は小さなまちだからすぐに誰かとつながる。大人が楽しくつながれるお店や場所をチョイスしました。
取り上げられなかったすてきな場所もまだまだあります。まずはそれを知るきっかけとして、この本を利用してもらえたらうれしいです。

大久保かれん

70年代から80年代。まちをガイドするメディアが、いまほど充実していなかった時代。まちへデビューするには、それなりの覚悟と勇気が必要でした。まちや店の新しい情報を仕入れるために、当時の情報発信源といえるブティックのお兄さんやお姉さんと友だちになりたいと思ってましたよね。まちとの関わり方にこだわり、人とのつながりを大事にしてきた大人たちにこそ知ってほしい「いまの神戸」があります。本誌を手に再びまちを楽しんでいただければ幸いです。

松本浩嗣

[タイムトリップ神戸について]

この企画は、大久保かれんが2013年にFacebookのグループページを起ち上げたことから始まりました。有志による「Time Trip KOBE プロジェクト委員会」が構成され、2017年6月に「タイムトリップ神戸 '70～'80s」発刊となりました。発売と同時に多くのみなさまから反響をいただき、今回の「タイムトリップ神戸 NOW」の発行につながりました。